Nur ein paar Stündchen

Nix wie raus, ganz schnell ins Grüne. Auch mit wenig Zeit lässt sich Großartiges erleben. Kleine und große Abenteuer warten direkt vor der Haustür.

4H

Raus für einen Tag

Man muss nicht das Land verlassen, um neue Welten zu entdecken. Einfach mal einen Tag lang raus aus dem Alltagsallerlei und rein in die Natur.

12H

Ferien für ein Wochenende

Warum auf die große Auszeit warten, wenn man einen Wochenendtrip in der Nähe machen kann? Vergnügen, Abenteuer und Wohlgefühl kompakt und intensiv.

36H

LIEBE LESERIN, LIEBER LESER,

wer reist, sammelt Länder, Meere und Wüsten. Je weiter entfernt ein Reiseziel liegt, umso exotischer scheint es zu sein. Aber ist das Abenteuer wirklich kleiner, wenn man im eigenen Land reist? Nein. Denn es geht nicht um die zurückgelegten Kilometer. Die Schönheit der Welt entdeckt man auch vor der eigenen Haustüre. Im Falle dieses Buches: in Kärnten.

Im Süden Österreichs, zwischen Großglockner, Wörthersee und Karawanken, wartet hinter jedem Berg, jeder Weggabelung und jeder Flussschleife eine neue Geschichte. Kärnten hat keine Meere und Wüsten, dafür aber Berggipfel und Badeseen, einsame Täler und urwüchsige Natur. Die folgenden Touren sollen die Neugier wecken, Kärnten neu kennenzulernen.

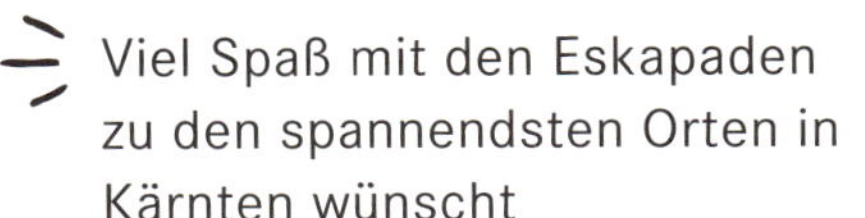

Viel Spaß mit den Eskapaden zu den spannendsten Orten in Kärnten wünscht

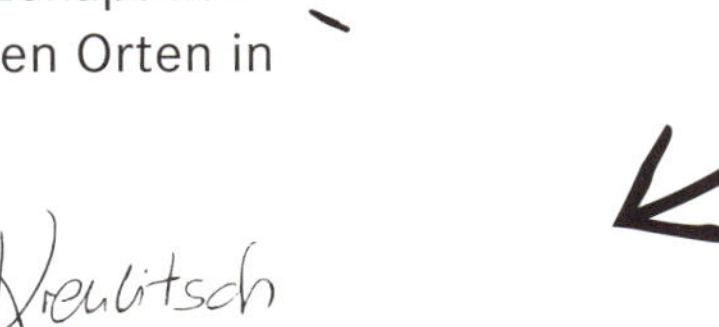

PS: Informationen zum GPX-Download gibt's auf Seite 224.

Abenteuer
ESKAPADEN
AUSZEIT
AUSGLEICH
Wochenende
LÄCHELN
STADT.LAND.
FLUSS.
LEICHTIG-
KEIT
FREE
ERLEBEN
GRÜN
kleine
Fluchten
Wege
Lebensfreude
NATUR
GLÜCK
von Jasmin Kreulitsch

AUSZEIT.
ABENTEUER.
LEBENSFREUDE.

1. KAPITEL ABSTECHER

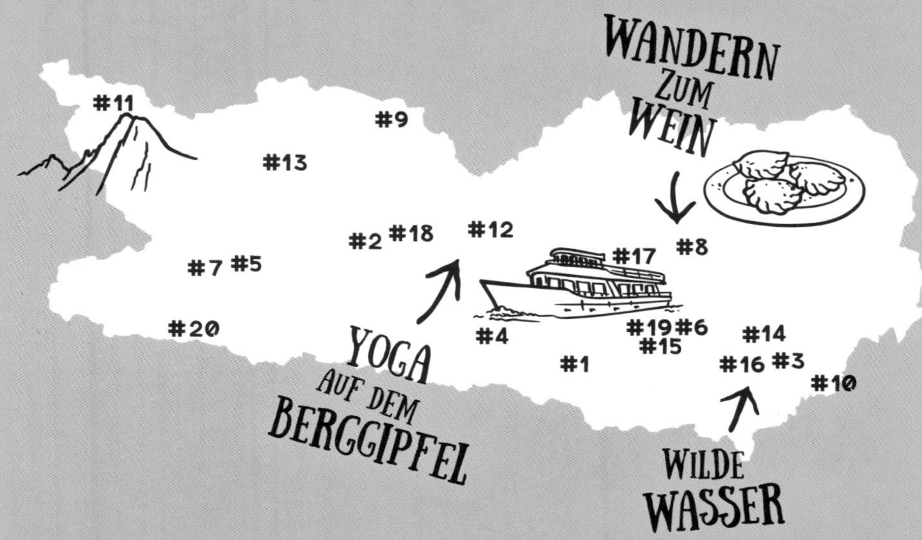

Nur ein paar Stündchen

Durch eine Schlucht wandern, in heißen Quellen baden oder einen Kraftort aufspüren: Zwischen Bergen und Seen ist die kleine Auszeit in Kärnten ganz nah.

4H

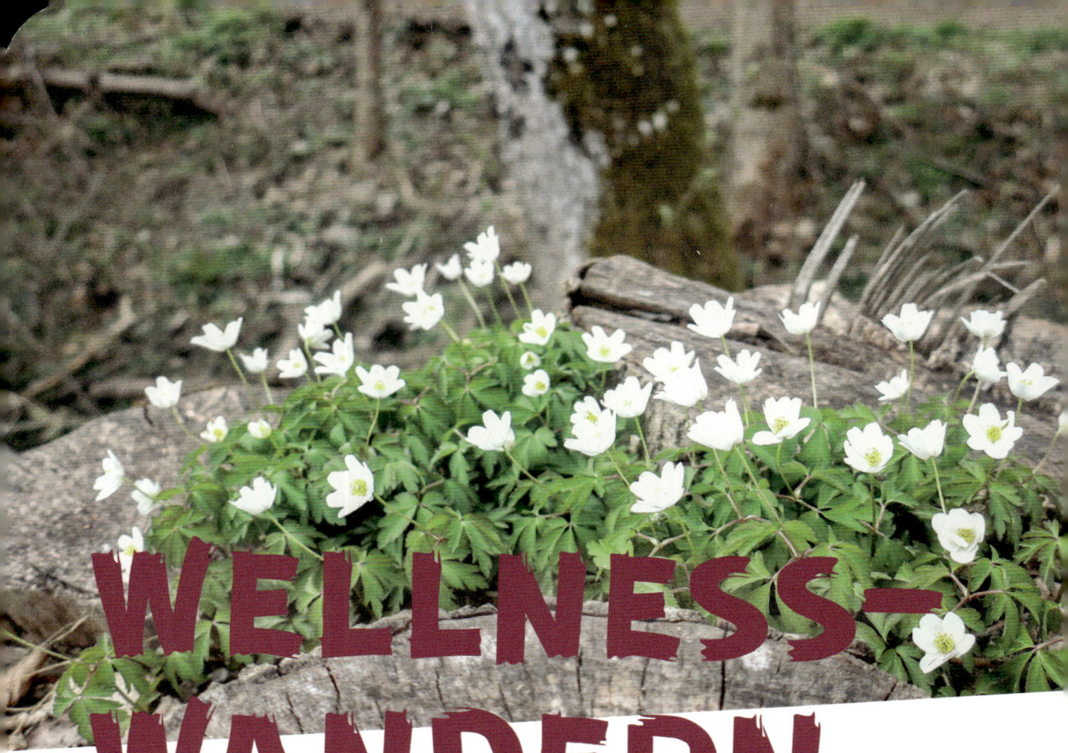

WELLNESS-WANDERN

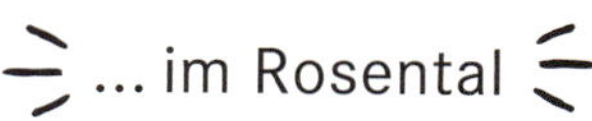

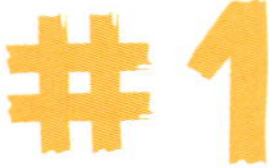

… im Rosental

#1 *Die zweisprachige Gemeinde Ludmannsdorf liegt auf dem Höhenzug der Sattnitz und überblickt das Rosental und die Karawanken. Wer hier durch die Wälder streift, entdeckt ein Stück unberührte Natur – inklusive Kneipp-Bach und Wasserfall. Und eine Portion Glück gibt's obendrauf.*

#Glückswanderweg #Wald #zweisprachig #grenznah

→ ABSTECHER ...

Im Frühling wandert man zwischen erblühenden Knospen und erfrischendem Kneipp-Bach.

Auf den Wegschildern steht Wellnesspfad Glücksfelsen/Sreča peč. Wie vielerorts in Südkärnten wird in Ludmansdorf Deutsch und Slowenisch gesprochen. In der Gemeinde leben zahlreiche Kärntner Slowenen, von denen es einige regelmäßig in die umliegenden Wälder zieht. Der Fokus liegt aber nicht auf Gipfeltouren, sondern auf Wellness und Wohlfühlen beim Wandern. Kein Wunder, dass sich die Gemeinde als »wanderbar« bezeichnet.

Start ist am Dorfplatz im Ortsteil Lukowitz. Der Weg führt eben auf einem Waldweg aus dem Dorf hinaus. Nach etwa 300 Metern erreicht man die Kräuterspirale, die eine Teamarbeit der Dorfgemeinschaft ist. Zusammen wurde ein Kräutergarten angelegt, in dem das Motto gilt: schauen, riechen, fühlen. Die erste Portion Glück ergattert man bei einer Pause auf der Wunsch-Bank.

Weiter geht's auf einem schattigen Weg in den Wald. Nach einem halben Kilometer hört man leises Wasserplätschern und erspäht auch schon den Kneipp-Bach. Jetzt heißt es: Schuhe ausziehen und im kühlen Wasser die Füße erfrischen und den Kreislauf beleben. Vom Kneipp-Bach führt der Waldweg bergab, bis man erneut etwas hört: das Rauschen eines Wasserfalls, der hinter Bäumen verborgen ist und seine Schönheit erst zeigt, wenn man ihn von unten bestaunt. Daher folgt man dem Weg abwärts und um eine Kurve. Über einen Steig erreicht man den Wasserfall und einen hübschen Picknickplatz direkt darunter. Pause machen ist hier beinahe Pflicht, denn der Fels, über den der Wasserfall strömt, heißt nicht grundlos Glücksfelsen. Auch hier soll einem viel Gutes widerfahren.

Der gleiche Weg führt wieder zurück, bis nach oben zur Stelle über dem Wasserfall. Dort

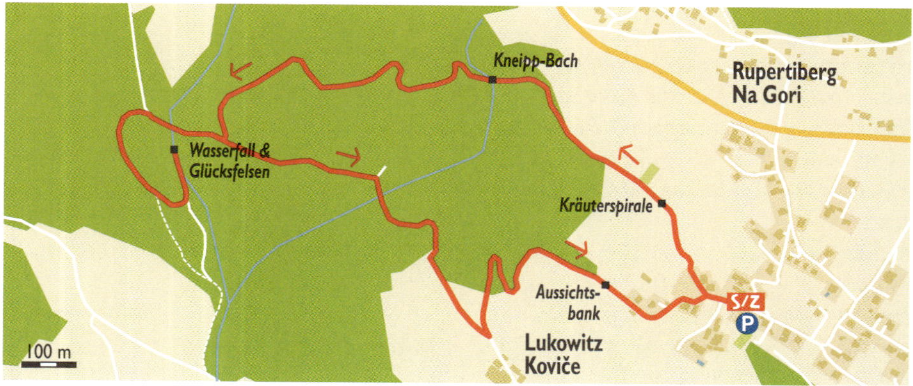

Die verdiente Pause legt man bei dem kleinen Rastplatz ein, der sich fast unmittelbar unter dem Wasserfall befindet.

die Abzweigung nehmen und durch den Wald in Richtung Lukowitz gehen. Vorher erreicht man eine Straße und eine Wiese. Und eine Bank, auf der man unbedingt innehalten sollte, denn der Blick aufs Rosental und auf die Drau kann sich sehen lassen. Von hier erspäht man das Naturschutz-Projekt Zikkurat-Drauwelle: eine gräserne Schnecke, die sich aus dem Wasser windet und zu einem kunstvollen Hügel zusammenrollt. Zum Ausgangspunkt am Dorfplatz Lukowitz sind es dann nur noch 10 Minuten.

Auf dem Heimweg lohnt sich ein Stopp bei der Familie Franz Lauritsch in St. Egyden (www.dein-bauer-franz.at), wo aus Had'n, dem berühmten Kraftkorn aus Südkärnten, Had'nwhisky entsteht. Buchweizenkörner werden dafür gereinigt, gemahlen und eingemaischt und nach dem Gär- und Destillationsprozess für drei Jahre in ausgebrannten Eichenfässern gelagert.

FAZIT: WOHLTUENDE WANDERUNG MIT VIELEN KLEINEN ÜBERRASCHUNGEN!

Hin & weg: Über die Klagenfurterstraße (B83) in Richtung Velden und die Sankt-Egydener-Straße nach Lukowitz. Mit dem Zug bis Klagenfurt Hauptbahnhof und mit dem Bus 5318 nach Oberdörfl bei Ludmannsdorf. Von dort 10 Min. zu Fuß bis zum Startpunkt.

Beste Zeit: Im Frühling.

Dauer & Strecke: 2 Std. für 3,6 km und 80 hm. Mit Stopps an den Stationen ein halber Tag.

Ausrüstung: Feste Schuhe, Wasserflasche, evtl. Handtuch fürs Kneippen.

EIN LIKE FÜRS BIKE

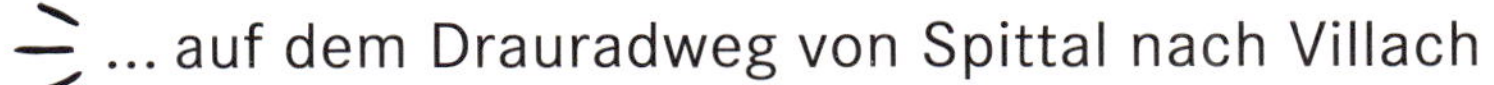

... auf dem Drauradweg von Spittal nach Villach

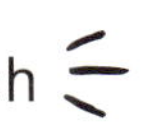

Wer auf dem Drauradweg unterwegs ist, erlebt die Südseite der Alpen von ihrer schönsten Seite. Der Weg führt durch Wälder und über Wiesen, vorbei an Buchten und unter Berggipfel – und das immer entlang der Drau, die Radfahrern treu den Weg leitet.

#E-Bike #Radfahren #Drau #SpaßaufzweiRädern

Unterwegs entdeckt man immer wieder versteckte Stellen direkt am Ufer der Drau.

Die Drau ist eine Konstante in Kärnten. Als ab der Römer- und Völkerwanderungszeit Waren auf dem Wasser transportiert wurden, ließen sich entlang des Ufers Menschen nieder. Aus kleinen Siedlungen wurden große Ortschaften, aus unebenen Dammwegen gesicherte Fahrradwege – so entstand der Drauradweg, der als einer der schönsten Radwege Europas gilt und über 510 Kilometer von Toblach in Südtirol nach Kärnten und weiter bis nach Marburg in Slowenien führt.

Der erste Abschnitt in Kärnten wurde zwischen Spittal an der Drau und Völkermarkt errichtet, einer der idyllischsten Streckenabschnitte führt von Spittal nach Villach. Der Radweg ist über seine gesamte Länge gut ausgeschildert, man folgt immer dem R1. Start ist am Schloss Porcia aus dem 16. Jahrhundert, nur ein paar Gehminuten vom Bahnhof entfernt. Von hier dauert es nur wenige Minuten, bis man die Stadt gegen Natur tauscht. Über den Hauptplatz und die Brückenstraße geht's über die Lieser, rechts in eine Einbahnstraße, quer über die Bahn und links über die Südbahnstraße bis zum Tangerner Weg.

Ab hier verliert sich der Trubel von Spittal. Es wird ländlich – und man kann die Drau bei-

---

Hin & weg: Über die Drautal-Bundesstraße (B100) ins Zentrum von Spittal zum Bahnhofsparkplatz. Mit dem Zug bis Spittal-Millstätter See Bahnhof. Die S-Bahn fährt mehrmals täglich zwischen Villach und Spittal-Millstätter See.

Beste Zeit: Im Frühling, wenn die Naturlandschaft entlang der Drau zu blühen beginnt.

Dauer & Strecke: Knapp 40 km und 120 hm ergeben eine Fahrzeit von ca. 3 Std.

Ausrüstung: Fahrradhelm, Sonnencreme, Wasserflasche, evtl. Müsli- oder Energieriegel.

Das Schloss Porcia in Spittal an der Drau wurde einem italienischen Palazzo nachempfunden. Es zählt zu den schönsten Renaissancebauten nördlich der Alpen.

nahe erschnuppern. Spätestens ab St. Peter gibt es nur noch den Drauradweg, die Natur und zwei Beine, die emsig in die Pedale treten. Unterwegs streift man kleine Dörfer wie Molzbichl und Mauthbrücken, ab hier verläuft der Radweg direkt am Ufer der Drau und es eröffnet sich ein wunderschönes Panorama. Auf der einen Seite Wald und Wiesen, in der Ferne Berggipfel und die Flusslandschaft der Drau stets an der Seite wie ein treuer Begleiter.

Der Radweg führt bis nach Villach am Ufer entlang, vorbei an Paternion, Pobersbach, Kellerberg, Töplitsch und Feistritz. Hin und wieder stößt man auch auf Lokale: die Drauradwegwirte (www.drauradwegwirte.at). Ab Pobersbach mäandert die Drau in sanften Schleifen und man fährt in großen Kurven weiter. An der Draubrücke bei Töplitsch wechselt man auf das linke Drauufer und erspäht in der Ferne das Kraftwerk Fellach. Ab hier kann man entscheiden, auf welcher Uferseite man weiterfahren möchte. Noch ein paar letzte Kurven – und schon ist das Ziel erreicht: die Draubrücke in Villach. Von hier dauert es nur fünf Minuten zum Bahnhof. Wer Villach erkunden möchte, ehe es mit der S-Bahn nach Spittal zurückgeht, kann sein Rad beim Villacher Radbutler unter der Draubrücke kostenlos parken.

FAZIT: EINFACHE RADTOUR MITTEN IN DER NATUR IMMER AM WASSER ENTLANG – IDEAL FÜR JEDES SPORTNIVEAU!

DIES IST EIN ORT DER KRAFT !
Der Mensch, der an dieser Stelle verweilt,
lädt sich mit positiver rechtspolarisierender
Energie a
Auch die Quelle hat diese energetische Aufla

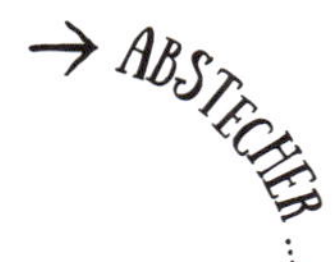

PILGERN ZUR QUELLE

Der Hemmaberg ist der »Heilige Berg« des Jauntals. Nur wenige Plätze in Kärnten haben so viel Geschichte geballt auf einem Fleck. Wo die Kelten im 3. Jahrhundert v. Chr. einwanderten, staunt man heute über gigantische Ausgrabungen und in der Rosaliengrotte über die Kärntner Variante des heiligen Wassers von Lourdes.

#Kraftquelle #Ausgrabungen #Heilwasser #mystisch

Erst 2021 wurde die Rosaliengrotte wiedereröffnet, nachdem der Zugang wegen Steinschlags 2014 gesperrt werden musste.

Im äußersten Süden Kärntens liegt die zweisprachige Gemeinde Globasnitz, gerade einmal sieben Kilometer von der slowenischen Grenze entfernt. Über dem kleinen Dorf thront der Hemmaberg mit seinen 842 Metern, der seit jeher bekannt ist als Kraftort voller Geheimnisse.

Startpunkt der Pilgertour ist beim Parkplatz unter dem Hemmaberg. Von hier führt ein gut ausgeschilderter Weg sanft ansteigend nach oben. Es braucht nur 20 Minuten und ein paar Kurven, bis die Wallfahrtskirche am Horizont auftaucht, die im Mittelalter erbaut wurde. Wann genau der Hemmaberg besiedelt wurde, darüber ist man sich nicht einig. Die Kelten wanderten im dritten Jahrhundert v. Chr. ein, allerdings vermuten Experten, dass die Besiedlung schon in der Jungsteinzeit stattgefunden hat. Die Kelten errichteten hier eine dauerhafte Siedlung, die Juenna, nach dem vorrömischen Gott Jovenat, genannt wurde. Insgesamt fünf Kirchen und die zugehörigen Hospiz- und Wohnräume wurden bei Ausgrabungen freigelegt. Im Umkreis der Kirche gibt es mehrere als Pilgerhäuser gedeutete Steinhäuser, in denen teilweise Küchen und bodengeheizte Speisesäle identifiziert wurden.

Von der Wallfahrtskirche führt ein schmaler Steig an der Nordwand des Hemmabergs nach unten. Bald erspäht man ein Loch oberhalb der Grotte. Der Legende nach wurde ein Mädchen, das in das Loch gestürzt ist, von der heiligen Rosalia aufgefangen und sanft zu Boden gesetzt. Weiter geht's über Stufen und entlang einer Felswand zur Rosaliengrotte. Hier entspringt jene Quelle, die der spätantiken Siedlung einst zur Wasserversorgung diente. Dem Wasser wird noch heute eine ähnliche Heilkraft nachgesagt wie der Quelle im französischen Wallfahrtsort Lourdes. Vor allem bei Augenleiden soll das rechtsdrehende Wasser

Zuerst die Magie am Hemmaberg, dann der Most: Der vergorene Obstsaft wird in Österreich aus Birnen und Äpfeln gemacht, in Kärnten fast ausschließlich aus Äpfeln.

helfen. In der Grotte befindet sich eine kleine Kapelle, die errichtet wurde, um die Bewohner zu schützen. Damit die Pest die Ortschaften im Jauntal verschont, widmeten die Bewohner die Grottenkapelle der Pestheiligen Rosalia. Wer heute auf einem markierten Stein auf der Treppe vor der Kapelle steht, tankt Kraft und Glück, so besagt es eine Legende. Und wer die Glocke drei Mal läutet, darf sich etwas wünschen. Zeit nehmen sollte man sich auf jeden Fall, denn das Flair im magischen Licht der Grotte ist ein ganz besonderes.

Der Rückweg führt durch den Wald, erst über Stufen, später über einen schmalen, verwurzelten Steig. Ist das Ende des Waldes erreicht, tritt man auf eine weite Wiese und geht die letzten Meter bergauf, bis man den Parkplatz erreicht. Nun geht's aber nicht direkt zurück ins Tal, sondern über einen Waldweg bergab – ein paar hundert Meter zum Hemmastüberl. Hier genießt man einen gespritzten Most und eine Brettljause. Auch das gibt Kraft.

FAZIT: EINE EINFACHE WANDERUNG ZUM SCHÖNSTEN KRAFTORT KÄRNTENS!

Hin & weg: Über Eberndorf und Gösselsdorf nach Globasnitz und weiter bis zum Parkplatz unter dem Hemmaberg. Mit dem Zug nach St. Michael ob Bleiburg und mit dem Bus 5420 bis Globasnitz/ Gemeindeamt. Ohne Auto mit dem Taxi auf den Berg – oder zu Fuß (3 km, 250 hm).

Beste Zeit: Frühling und Herbst.

Dauer & Strecke: 1 Std. reine Gehzeit für 2 km und 100 hm. Mit Einkehrschwung und Besichtigung ein halber Tag.

Ausrüstung: Feste Schuhe, Flasche für das Wasser aus der Rosaliengrotte.

WO DAS HEIẞE WASSER SPRUDELT

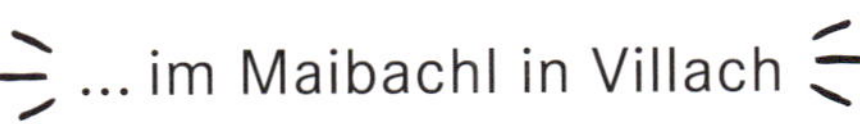

#4

Eines der spektakulärsten Naturerlebnisse Kärntens liegt mitten im Wald nahe der Stadt Villach. Wo am Fuße des Dobratsch die Warmbader Quellen entspringen, fließt das Wasser zur Zeit der Schneeschmelze im Frühling ins Maibachl und erwärmt sich auf 29 Grad. Auch die Römer sollen hier gebadet haben.

#Waldbaden #Naturpool #einzigartig #stadtnah

Unterwegs stößt man immer wieder auf Schautafeln mit spannenden Informationen vom Archäologiepfad Warmbad.

Es ist ein Naturphänomen: Sobald der Schnee am Dobratsch schmilzt oder es länger regnet, füllen sich zwei Becken mitten im Wald in Villach mit Wasser. Der Grund dafür ist keine Zauberei, sondern ein Wunder der Natur. An der Ostseite des Berges reichen die Gesteinsschollen so tief hinunter, dass sich Sickerwasser in wasserführenden Schichten bis auf 38 Grad erwärmt. Eine undurchlässige »Grenze« aus Lehmschichten im Villacher Stadtteil Warmbad treibt das warme Wasser nach oben, wo es sich mit kälterem Wasser mischt - und mit 29 Grad an die Oberfläche tritt.

Am schönsten ist das Bad in der Früh, man steigt quasi direkt nach dem Aufstehen ins Wasser. Die Wanderung startet beim Bahnhof in Warmbad-Villach und führt in einem Bogen auf der Warmbaderstraße und der Judendorferstraße um den Kurpark und am Sanatorium vorbei. Nun geht es nach links in den Wald, immer am Bach entlang, bis das Maibachl erreicht ist: Hier haben sich im Laufe der Zeit

Vom Wasser in den Wald: Die Wanderung zeigt die schönsten Seiten rund ums Maibachl.

zwei Quellbecken gebildet mit etwa 1 bis 1,2 Meter Tiefe – und Wasser mit gesundheitlich wirksamen Inhaltsstoffen wie Kalzium, Magnesium und Hydrogencarbonat.

Schon die Römer sollen hier gebadet haben. Deshalb handelt die Eskapade nicht nur von heißen Quellen, sondern auch von alten Römern. Die errichteten einst eine der ältesten Straßen des Landes, die das antike Italien mit dem germanischen Norden verband. Die Route führte auch durch den Bereich von Warmbad-Villach, was heute noch jahrtausendealte Spuren beweisen. Die Wanderung leitet in einer großen, gut ausgeschilderten Runde durch den Wald bis zum Römerweg, wo man in den Fels geschlagene Trittstufen und eingetiefte Wagengeleise bewundern kann.

Weiter geht es zur nahe gelegenen Napoleonwiese, die von vielen Besuchern als Kraftplatz bezeichnet wird. Hier erheben sich zwischen saftig grünem Gras und hohen Bäumen mehrere Buckel mit einer langen Geschichte: Es handelt sich um Hügelgräber aus der Hallstatt- und Keltenzeit.

Der letzte Teil der Wanderung führt über kleine Serpentinen bergab in Richtung Warmbad-Villach, vorbei an einer kleinen Kapelle, quer durch den Kurpark und zurück zum Ausgangspunkt. Wer will, kehrt im Warmbaderhof (www.kulinarik.warmbaderhof.com) zum wohlverdienten Frühstück bzw. Kaffee und Kuchen ein – die Konditorei ist fast genauso berühmt wie das Maibachl.

Hin & weg: Über die Südautobahn (A2) in Richtung Italien fahrend bis zur Abfahrt Warmbad/Villach und weiter zur Warmbaderstraße zum Parkplatz ATRIO Villach. Mit dem Zug bis Villach Hauptbahnhof oder mit der S-Bahn bis Villach Warmbad.

Beste Zeit: Im Mai, sobald der Schnee am Dobratsch schmilzt oder es länger regnet. Auf dem Instagram-Account der Stadt Villach (@villach_city) gibt's Infos in Echtzeit, wann es so weit ist.

Dauer & Strecke: 1,5 Std. reine Gehzeit für 4,2 km. Mit Badestopp ein halber Tag.

Ausrüstung: Badesachen, Handtuch, Sportschuhe.

FAZIT: EINZIGARTIG IN KÄRNTEN – EIN NATÜRLICHER OUTDOOR-POOL!

DIE KRAFT DER KRÄUTER

... in Irschen

#5

Das überlieferte Wissen über die Verarbeitung und Verwendung von Kräutern aus Wald und Wiesen verlieh Irschen schon in den 1990ern den Beinamen Kräuterdorf. Heute ist das Bergbauerndorf eines der ersten Slow Food Villages der Welt. Neugierige Nasen kommen bei einer Rundwanderung voll auf ihre Kosten.

#Kräuterspaziergang #Naturheilkunde #Traditionen #riechen

Bilderbuchblick auf Kärntens bekanntestes Kräuterdorf

Eine schmale Straße windet sich über Kurven nach oben. In der Ferne erspäht man die Gipfel der Kreuzeckgruppe und der Gailtaler Alpen, ganz nahe sind indes die blühenden Boten von Irschen. Thymian, Lavendel, Rotklee, Johanniskraut, Nudelminze: Schon bei der Ankunft entdeckt man überall Kräuterbeete und -töpfe.

Irschen ist als Kräuterdorf bekannt – und das aus gutem Grund. Die Lage auf der Sonnenterrasse hoch über dem Drautal ließ Pflanzen schon immer gut gedeihen. Die Dorfbewohner haben ihr Wissen und ihre Erfahrungen über die Verwendung und Verarbeitung von Kräutern und Heilpflanzen gebündelt und gesammelt. Da es einst keinen Arzt im Bergdorf gab, musste man sich selbst helfen – und daraus entstand der Wissensschatz, den Besucher heute bestaunen können. Bei der Kräuterdorf-Rundwanderung taucht man ein in die blühende Geschichte der Bergbauerngemeinde.

Start ist im Dorfzentrum. Zuerst führt der Weg in westlicher Richtung nach Stresweg, vorbei am Kräuterhotel Mandler. Oberhalb des Hotels führt eine schmale Bergstraße hinauf nach Pölland. Weiter geht's zum Kräuterkraftkreis, der die Wechselwirkung zwischen der Heilkraft der Pflanzen und den vier Urelementen Feuer, Erde, Luft und Wasser zeigt. Von hier kann man – oberhalb der Volksschule – zum Höhepunkt des Dorfes wandern: dem Schaugarten, gerne als Heilgarten der Alpen bezeichnet. In dieser blühenden Oase reihen sich Blumen, Kräuterbeete und Rastplätze aneinander und man überblickt das Dorf wie aus einem botanischen Garten. Das Drautal, die Gailtaler Alpen und im Westen die Lienzer Dolomiten scheinen einem zu Füßen zu liegen.

Mehr Natur geht nicht: In Irschen werden Kräuter geerntet, getrocknet und direkt verarbeitet.

Wer sich von dieser Aussicht lösen kann, hat das Herz des Kräuterdorfes im Blick: Das Kräuterhaus Pfarrstadel befindet sich unterhalb des Schaugartens. Hier gibt's alles zu kaufen, was aus den Irschner Pflanzen und Kräutern verarbeitet wird. Die Dorfbewohner geben auch ihr Wissen weiter. Im Sommer werden Kurse angeboten, zum Beispiel Wildkräuter in der Küche, Grüne Kosmetik oder Kräuterklangreise. Neu ist die erste Slow-Food-Kochwerkstatt, in der man viel über besondere Lebensmittel lernt.

Seit 2019 ist das Kräuterdorf Irschen auch eines der ersten Slow Food Villages der Welt: ein Modell für eine nachhaltige Dorfentwicklung in Zusammenarbeit mit Slow Food. Dabei werden die örtliche Lebensmittelerzeugung und die Information über eine ökologisch nachhaltige Ernährungs- und Esskultur verbessert und das Bewusstsein für regional erzeugte Lebensmittel gestärkt.

FAZIT: GEHEN MIT DEM GERUCH UND GESCHMACK DER KRÄUTER IN DER NASE – MMH, SO GUT!

Hin & weg: Über die A10 bis Abfahrt Lienz/Lendorf und weiter auf der Bundesstraße B100 bis Irschen zum Parkplatz unter der Pfarrkiche. Mit dem Zug bis Oberdrauburg Bahnhof und weiter mit dem Bus 5021 bis Irschen Gemeindeamt.

Beste Zeit: Im Frühling, wenn die Kräuter sprießen.

Dauer & Strecke: Für 3 km und 50 hm benötigt man 1 Std., mit Pausen an den Stationen oder dem Besuch eines Workshops entsprechend länger.

Ausrüstung: Rucksack mit Platz für Einkäufe und eine gute Nase.

VOM SATTEL ZUM SCHLOSS

... im Norden von Klagenfurt

Denkt man an Klagenfurt, kommt einem automatisch der Wörthersee in den Sinn, dabei hat Kärntens Landeshauptstadt mehr zu bieten als den berühmtesten See des Landes. Bei einer Fahrradtour im Norden von Klagenfurt zeigt die Stadt ihr unbekannteres Gesicht – und leitet Radfahrer von Schloss zu Schloss.

#Schlössertour #Radfahren #Rundtour #aktiv

Der schönste Stopp unterwegs: die Tramway, ein umgebauter Straßenbahnwagen, der heute als Lokal dient.

→ Abstecher

Stadt, Land, Schloss: Start der Schlössertour ist am Neuen Platz. Über die Ursulinengasse radelt man vorbei am Landhaushof und dem Stadttheater Klagenfurt in die Radetzkystraße und rechts in die Lerchenfeldstraße, die in die Aichelburg-Labia-Straße übergeht. Literaturfans machen hier einen Stopp: Links biegt die Henselstraße ab, wo die Schriftstellerin Ingeborg Bachmann ihre Jungend verbrachte – im Haus mit der Nummer 26. Ab 2023 soll es als Museum der Öffentlichkeit zugänglich sein.

Weiter über die Oberlercherstraße in die Jahnstraße, in die Gutenbergstraße und über das Gelände des Landeskrankenhauses. Hier erreicht man den Glanradweg und merkt, dass man die Stadt immer mehr hinter sich lässt. Entlang des Glanradweges geht's in Richtung

Der Hofladen Wolin gilt als Geheimtipp unter Klagenfurtern.

Westen bis zur Mantschehofgasse und in die Feschnigstraße. Wer Hunger hat, macht einen Abstecher zum Hofladen Wolin, wo es regionale Schmankerln zu kaufen gibt (www.feschnighof.at). Die ideale Stärkung: ein Kärntner Zuckerreinkerl!

Vom Hofladen aus dauert es nur wenige Minuten, bis das erste Schloss erreicht ist: das Schloss Ehrenhausen, das 1588 erstmals urkundlich erwähnt wurde. Nachdem man mit seinem Rad dem Druckerweg und der Mageregggerstraße gefolgt ist, überquert man die Glanbrücke und erreicht das Schloss Maregg. Absteigen lohnt sich: Der Park des Schlosses wird zum Teil als Wildgehege genutzt und man kann Hirsche und Rehe erspähen. Im Schloss befindet sich das Restaurant GenussWirt (www.genusswirt-maregg.at), wo heimische Spezialitäten serviert werden.

Weiter geht's durch die Unterführung der Kärntner-Bundesstraße Richtung Feldkirchnerstraße nach Lendorf. Der Weg führt entlang der Seltenheimer Straße zum gleichnamigen Schloss. 1193 erstmals urkundlich erwähnt, wurde das Schloss kürzlich zu einem luxuriösen Wohnsitz inklusive Hubschrauberlandeplatz umgebaut und steht seit 2021 zum Verkauf: für 20 Millionen Euro.

Die Tour bringt einen immer mehr ins Grüne – zwischen weiten Feldern und sanften Hügeln entlang der Hallegger Straße, vorbei an Tultschnig und hoch zum Schloss Hallegg aus dem 16. Jahrhundert. Die Hallegger Straße weiter fahrend, gelangt man zu den Hallegger Teichen und bis zum Ortsbeginn von Krumpendorf. Jetzt kommt der Wörthersee doch

Das Schloss Mageregg im Norden von Klagenfurt wurde 1590 errichtet und in der Mitte des 19. Jahrhunderts in seine heutige Form gebracht.

ins Spiel, denn die Strecke verläuft über die Bahnübersetzung beim Kropfitschbad Richtung Osten entlang des Wörthersees, vorbei am Klagenfurter Strandbad zum Lendkanal bis zum Lorettoweg. Hier thront das Schloss Maria Loretto auf der gleichnamigen Halbinsel. Wer will, kehrt auf der Seeterrasse ein (www.restaurant-maria-loretto.at), der urigere Stopp liegt aber wenige hundert Meter entfernt am Lendkanal: Hier steht ein ausgemusterter Straßenbahnwagen, der zum Buffetwagen umgebaut wurde (www.facebook.com/BuffetZurTramwayKlagenfurt).

Frisch gestärkt endet die Tour mit einer Fahrt entlang des Lendkanales bis zum Lendhafen, über den Villacher Ring zurück ins Stadtzentrum zum Ausgangspunkt.

Hin & weg: Über die Südautobahn (A 2) ins Zentrum von Klagenfurt zur Lindwurmtiefgarage (kostenpflichtiger Parkplatz). Mit dem Zug nach Klagenfurt Hauptbahnhof und weiter mit der Buslinie 40 oder 42 zum Heiligengeistplatz.

Beste Zeit: Mai, Juni, September, Oktober.

Dauer & Strecke: Für 22 km und 100 hm braucht man etwa. 2 Std.

Ausrüstung: Sportschuhe, Sonnencreme, Fahrradhelm. Fahrräder (auch E-Bikes) kann man in der Tourismus-Information am Neuen Platz ausleihen.

FAZIT: RADTOUR IM UNBEKANNTEREN NORDEN VON KLAGENFURT MIT SPANNENDEN SCHLÖSSER-STOPPS!

ALLES IM FLUSS

... auf dem Draupaddelweg

749 Kilometer legt die Drau auf ihrem Weg von Südtirol nach Kroatien zurück. Eine völlig neue Art, sich Kärntens größtem Fluss anzunähern, ist Kanuwandern: Seit 2018 offenbart der Draupaddelweg so eine völlig überraschende Perspektive auf die Drau.

#Flussabenteuer #Paddelspaß #sportlich #Wasseraction

Im Kanu haben zwei Personen Platz, unterwegs gibt es immer wieder Ausstiegstellen.

→ ABSTECHER ...

Die Drau macht eine lange Reise. Durch vier Länder fließt das Wasser des größten Flusses von Kärnten: Italien, Österreich, Slowenien und Kroatien. Wo seit der Römer- und Völkerwanderungszeit der Strom als Wasserstraße genutzt wurde, ist der Verkehr ruhiger geworden – zumindest bis 2018. Da kreierten die Kärntner Wassersportler Manfred Winkler und Daniel Rebernik den Draupaddelweg.

Die erste Etappe des Draupaddelweges startet in Lienz in Osttirol und führt nach Oberdrauburg, wo die erste Wegstrecke auf Kärntner Boden beginnt: über 18,2 Kilometer nach Greifenburg. Los geht's auf der Höhe des Bahnhofs Oberdrauburg, immer den steten Strom der Drau entlang. Man sitzt im Kanu oder im Kanadier – und lässt sich einfach treiben. Denn da die Drau eine maximale Geschwindigkeit von zehn bis 15 Kilometer pro Stunde erreicht, braucht es wenig Körperkraft, um schnell voranzukommen. Vor allem im Oberen Drautal ist der Draupaddelweg ein sanftes Gleiten durch die malerische Flusslandschaft.

Die Umsetzung ist beim Kanuwandern ganz einfach: Der Hintermann steuert, vorn wird angetrieben, die meiste Arbeit macht der Fluss, heute wie damals. In Kärnten spielte die Flößerei immer eine große Rolle. Ab dem 17. Jahrhundert war die Drau als Kärntner Holzstraße für Sägewerke und später auch Zellulosefabriken bekannt. Die Technik des Floßbauens hat sich an der Oberen Drau bis heute erhalten und zählt zum UNESCO-Weltkulturerbe.

Der Draupaddelweg führt mittlerweile über 13 Etappen, weitere sind in Planung. In sei-

Erst rudern, dann rasten: In Greifenburg gibt es im Gasthof Wulz rund 1000 verschiedene Biersorten aus aller Welt zu kosten.

ner vollen Ausbaustufe soll das Kanuwandern von Lienz in Osttirol bis Ptuj in Slowenien reibungslos funktionieren – auf 18 Etappen und über 320 Flusskilometer. Unterwegs finden sich immer wieder kleine Ausstiegstellen mitten in der Natur, wo man eine Pause einlegen kann. Eine der schönsten ist die Drauoase Dellach, auf halbem Weg zwischen Oberdrauburg und Greifenburg. Die Kanus liegen sicher am Ufer und es gibt eine Aussichtsplattform, einen Grillplatz und eine instagramtaugliche Schaukel. Ist das Ziel in Greifenburg erreicht, lohnt sich ein Abstecher zum Gasthof Wulz (www.wulz-greifenburg.at), nur wenige Meter vom Ufer der Drau entfernt. Hier stehen rund 1000 verschiedene Biersorten aus vielen Ländern der Welt auf der Karte. Die kann man im Gastgarten verkosten oder im Bierladen SHOP-013 kaufen.

FAZIT: ABENTEUER AUF DEM WASSER, DAS GROSSEN SPASS UND EIN KLEINES WORKOUT MIT SICH BRINGT!

Hin & weg: Über die Drautalstraße (B100/E66) oder mit dem Zug zum Bahnhof Oberdrauburg. Hier gibt's einen Parkplatz und den direkten Einstieg in die Drau. Die Ausstiegstelle in Greifenburg liegt wenige Meter vom Bahnhof Geifenburg entfernt, wo der Zug zurück nach Oberdrauburg fährt.

Beste Zeit: Im Frühling, wenn die Natur am Ufer zu blühen beginnt. Bootsverleih über www.draupaddelweg.com, es gibt auch geführte Paddeltouren.

Dauer & Strecke: 1,5–2 Std. reine Paddelzeit für 18 km. Mit Stopps und Einkehrschwung bis zu 4 Stunden.

Ausrüstung: Sportliche Kleidung, Sonnencreme, Schutzhülle für Smartphone und Kamera.

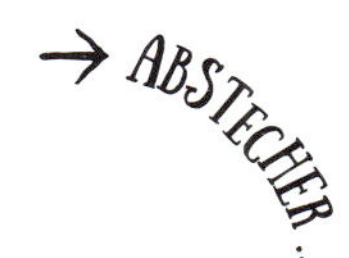

WEIN-WANDERN

Die Burg Taggenbrunn ist die exklusivste Burg Kärntens. Auf dem Taggenbrunner Weinweg nähert man sich der Burg Schritt für Schritt – und begegnet sanften Weinbergen, edlen Tropfen und dem künstlerischen Wahrzeichen Mittelkärntens: der Zeitgöttin von André Heller.

#weinwandern #Burg #Kultur #Prost

Die Trauben, die rund um die Burg Taggenbrunn auf 40 Hektar wachsen, werden zum edlen Burgwein verarbeitet.

Schon lange bevor man die Burg Taggenbrunn überhaupt erreicht, sieht man sie stolz in der Ferne auf einem Hügel thronen. Je

näher man kommt, desto schärfer zeichnen sich die historischen Mauern und die Weinberge rund um die Burg ab, die lange einen Dornröschenschlaf hielt. Taggenbrunn wurde im zwölften Jahrhundert auf den Überresten einer keltisch-römischen Ringwallsiedlung erbaut. Im Laufe der Jahrhunderte verfiel sie zur Burgruine, bis 2011 der Unternehmer Alfred Riedl eingriff: Über Jahre ließ er die Burg renovieren, stets mit dem Ziel, so viel wie möglich vom Original-Zustand beizubehalten.

Durch die Weinberge und rund um die Burg führt heute der Taggenbrunner Weinweg, auf dem man sich dem historischen Gebäude entspannt annähern kann. Start ist am Parkplatz in Scheifling im Nordwesten des Burghügels. Ein leicht ansteigender Waldweg führt sanft nach oben in Richtung Burg. Schnell sind die Weingärten der Burg Taggenbrunn erreicht und damit auch die ersten Ausblicke auf die Stadt St. Veit und das St. Veiter Becken. Die Rebstöcke weisen den weiteren Weg und führen in Richtung Weingut. Hier steht das neue künstlerische Wahrzeichen Mittelkärntens: die 15 Meter hohe Zeitgöttin, eine Kunstskulptur von André Heller.

Jetzt ist es Zeit für eine kleine Pause und natürlich ein Gläschen Wein, denn der Burgwein kann sich wahrlich sehen (und schmecken) lassen. Was hier in den Gläsern landet, wächst rund um die Burg auf 40 Hektar. Das Herz der Anlage ist das Weingut mit Restaurant, Hotel,

Wo heute die Burg Taggenbrunn hoch über St. Veit thront, befand sich einst eine keltisch-römische Ringwallsiedlung.

Hofladen und einem spätgotischen Getreidespeicher für Veranstaltungen (www.taggenbrunn.at). Neu sind die Taggenbrunner Festspiele, die 2020 erstmals stattfanden.

Nach dem Weintrinken geht es weiter auf dem Taggenbrunner Weinweg und hoch zur Burg. Zuerst umrundet man den Burghügel auf seiner östlichen Seite und wandert dann entlang der Serpentinen bis nach oben. Steht man unter den historischen Mauern der Burg, bietet sich ein weiterer grandioser Ausblick auf St. Veit. Der Weg zurück führt zuerst wieder hinunter über die kurvige Straße, bei der Weggabelung geht's dann aber nach links. Von hier sind es nur noch 500 Meter auf einer leicht abwärts fallenden Straße bis zum Ausgangspunkt.

FAZIT: WUNDERVOLLE WANDERUNG MIT KÖSTLICHER WEINBEGLEITUNG – WAS WILL MAN MEHR?

Hin & weg: Über die Seeberg Straße (B82) und Goggerwenig zum Parkplatz in Scheifling im Nordwesten des Burghügels. Mit dem Bus 5371 bis St. Veit/Graf Egger Straße und 15 Minuten zu Fuß zum Startpunkt.

Beste Zeit: Im Frühsommer, bevor die Taggenbrunner Festspiele starten.

Dauer & Strecke: Für 5,2 km und 190 hm benötigt man nicht ganz 2 Std., mit Pause am Weingut knapp das Doppelte.

Ausrüstung: Sportschuhe, Wasserflasche, Rucksack mit Platz für Wein-Einkäufe.

→ ABSTECHER …

LEISE LIESER

… auf dem Bacherlebnisweg Pöllatal 

Die Lieser bahnt sich zwischen schroffen Bergen und saftigen Wiesen ihren Weg durch das Pöllatal. Die Einöde in der Gemeinde Rennweg am Katschberg steht seit Jahrzenten unter Naturschutz. Wer hierherkommt, findet absolute Ruhe, unverbrauchte Natur – und wandert entlang des Gebirgsbachs ins Glück.

#Wassermomente #Stille #Einsamkeit #familientauglich

Von den Flüssen Kärntens ist die Lieser der Strom, den man als zurückhaltend bezeichnen könnte. Am längsten, am tiefsten, am breitesten, am schönsten? Mit Superlativen schmückt sich die Lieser nicht, dafür aber mit Stille. Denn sie fließt dort, wo kaum jemand ist. Das Pöllatal ist ein einsames Naturschutzgebiet, eine sogenannte Einöde, in der kaum Häuser stehen. Dafür mäandert das Wasser des Flusses zwischen Bergkuppen westwärts, vorbei an Wiesen, Wäldern und Weiden, auf denen Pferde und Kühe grasen.

Saftige Wiesen, bewaldete Bergkuppen und nur wenige Häuser: Das Pöllatal bezaubert mit Stille und Natur.

Das Naturschutzgebiet wurde 1973 eingerichtet, seit 2009 genießt die Region rund um die Kernzone Inneres Pöllatal sogar den Status als Europaschutzgebiet. Wer sich auf diese besondere Gegend einlassen will, erkundet das Tal am besten gemeinsam mit der Lieser – und wandert entlang des Bacherlebnisweges.

Start ist beim Parkplatz Grillplatz im Pöllatal. Hier beginnt auch die Beschilderung des Weges, der entlang des Wassers führt, stets flussaufwärts in Richtung Westen. Verirren ist unmöglich, denn der Bach ist der beste Wegweiser. Unterwegs kann man sich deshalb entspannt auf die Schautafeln (und Rätsel- und Spielaufgaben für Kinder) konzentrieren oder sich auf eine der vielen Rastbänke setzen und über die Natur staunen. Die Route ist einfach, eben und führt in maximal 1,5 Stunden bis Pölla. Am Ziel angekommen, geht es einen knappen Kilometer zur Kochlöffelhütte (www.kochloeffelhuette.at), wo man eine Pause machen und sich mit Kärntner Schmankerln stärken kann. Für Kinder gibt es einen Streichelzoo und einen Spielplatz.

Zurück kommt man entweder auf dem gleichen Wanderweg am Wasser oder parallel auf dem asphaltierten Weg. Wer müde Beine hat, kann sich auch fahren lassen. Denn im Pöllatal fährt die elektrisch betriebene Tschu-Tschu-Bahn vom Parkplatz bis zur Kochlöffelhütte und wieder zurück. In der Mitte der Strecke kann man in der Schoberblickhütte (www.schoberblickhuette.at) einkehren. Wer noch Hunger hat, wählt am besten die Backhendln, für die die Hütte bekannt ist.

FAZIT: EINFACHE WANDERUNG MITTEN IN EINEM EINSAMEN UND IDYLLISCHEN NATURSCHUTZGEBIET.

Hin & weg: Über die Tauernautobahn (A10) nach Rennweg am Katschberg und weiter über Angern bis zum Parkplatz Grillplatz im Pöllatal. Mit dem Zug bis Spittal-Millstätter See Bahnhof, mit dem Bus 5132 bis Oberdorf am Katschberg und 45 Minuten zu Fuß zum Ausgangspunkt.

Beste Zeit: Im Frühling.

Dauer & Strecke: Ca. 1,5 Std. für 5 km, knapp 3 Std. für beide Richtungen. Mit Einkehr ein halber Tag. Wer nur eine Strecke gehen möchte, kann mit der Tschu-Tschu-Bahn zurückfahren (www.katschberg.at/de/tschutschu-bahn.html). Für Inhaber der Kärnten Card ist die Fahrt kostenlos.

Ausrüstung: Sportschuhe, Kamera, Appetit.

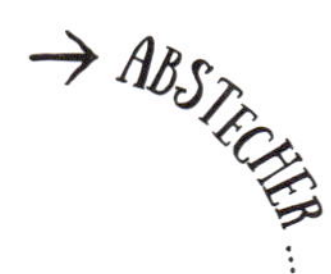

GRENZGENIALER GIPFEL

#10

Wenn im Sommer in Südkärnten die Temperaturen die 30-Grad-Marke knacken, zieht es die Einheimischen nicht nur an die Badeseen, sondern auch in die Berge. Als erfrischender Geheimtipp gilt das Bergmassiv der Petzen im Grenzgebiet zwischen Österreich und Slowenien.

#Gipfelstürmer #Speichersee #Panoramatour #Hüttengaudi

Nirgendwo hat man eine bessere Aussicht über Südkärnten als auf der Bergstation der Petzen.

Der Blick raubt einem den Atem. Sobald man aus der Gondel der Petzen Bergbahn steigt, taucht wie aus dem Nichts ein Postkartenmotiv auf. Grüne Almwiesen voller Blumen, ein blitzblauer See und dahinter die schroffen Felsen der Kalkalpen, die hoch in den Himmel ragen. Die Petzen ist nicht einfach nur ein Berg, sondern ein Bergmassiv, das sich zwischen Kärnten und Slowenien ausbreitet. Direkt an der Grenze liegt der Kordeschkopf, der östlichste Zweitausender der Karawanken, der hier auf die Südlichen Kalkalpen trifft.

Von der Bergstation der Petzen Bergbahn führen viele Wanderwege nach oben, es braucht aber nicht immer Höhenmeter, um in die Berglandschaft einzutauchen. Deshalb ist die Petzen das perfekte Ziel für all jene, die nicht weit oder hoch wandern, sondern einfach das Panorama und die frische Bergluft genießen wollen. Dazu kommt ein weiteres Plus: Hier oben gibt es mehrere Hütten zum Einkehren! Der Weg führt zuerst an den Speichersee. Von der Bergbahn leitet ein Weg sanft bergab ans Wasser und rund um den See. Die Aussicht ändert mit jedem Schritt und aus jedem neuen Winkel ihr Aussehen: mal sind die Kalkalpen zum Greifen nah, mal wirkt der See, als wäre er ein Infinity-Pool hoch über Kärnten.

Ist der Speichersee umrundet, führt der Weg links von der Bergbahn erst bergab, unter den Gondeln hindurch, dann wieder über einen leicht ansteigenden Steig in Richtung

Der Speichersee auf der Petzen begrüßt Besucher mit einem Bilderbuchpanorama und herrlicher Gipfelluft.

von drei Hütten. Denn direkt unterhalb der Bergstation stehen im Abstand von mehreren hundert Metern drei von sieben Hütten, die einer der bekanntesten Petzen-Wanderungen – der Siebenhüttentour – ihren Namen gaben. Wer statt auf Höhenmeter lieber auf Hüttengaudi setzt, kehrt in der Ezzo's Hütte (www.facebook.com/chiccopetzen), im Gasthof Siebenhütten oder in der Alten Zollhütte (www.altezollhuette.at) ein. Dann sitzt man an rustikalen Holztischen auf der Terrasse oder im Liegestuhl, lässt den Blick über Südkärnten schweifen und genießt einen gespritzten Most, eine Brettljause – und jede Menge erfrischende Luft, ehe es wieder ins Tal zurückgeht.

Hin & weg: Über Bleiburg oder St. Michael ob Bleiburg und die Petzen Landstraße zur Petzen Bergbahn Talstation. Mit der S-Bahn nach Bleiburg und mit dem GoMobil (www.gomobil.at) zur Petzen Bergbahn Talstation. Weiter mit der Kabinenbahn auf den Gipfel (www.petzen.net). Mit der Kärnten Card ist die Gondelfahrt kostenlos.

Beste Zeit: Im Sommer mit der ersten Gondel nach oben, wenn noch wenig Besucher da sind.

Dauer & Strecke: Für knapp 2 km und 70 hm braucht man maximal 1 Std., mit Einkehr in den drei Hütten in etwa 4 Stunden.

Ausrüstung: Sportschuhe, Sonnencreme, Wasserflasche, Kamera (großartige Fotomotive!).

FAZIT: MEHR PANORAMA GEHT NICHT. IM SOMMER DER PERFEKTE ORT, UM AM GIPFEL KÜHLE LUFT ZU GENIEßEN.

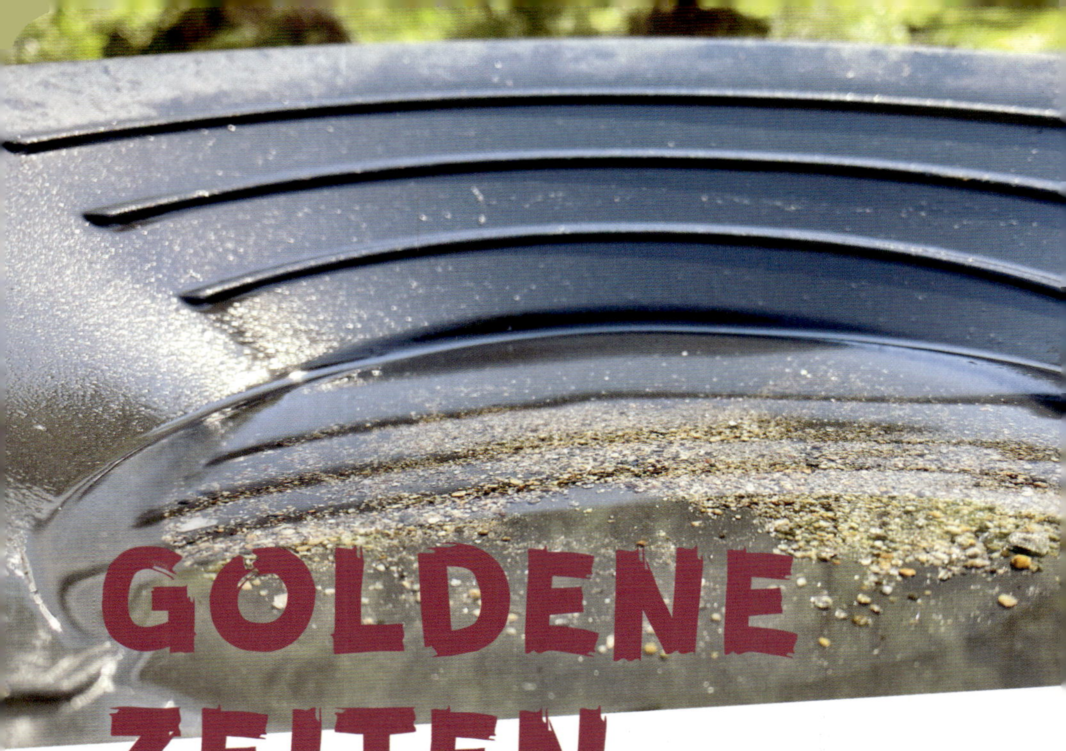

GOLDENE ZEITEN

… am Großglockner

#11

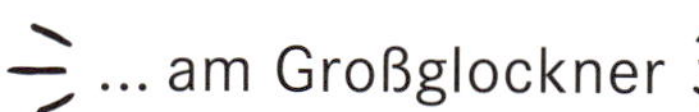

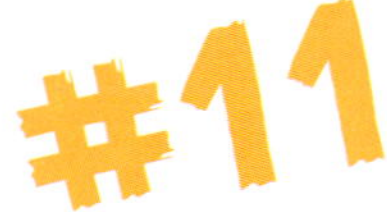

Tausende strömten einst in die Hohen Tauern, um Tauerngold zu finden. Sie suchten, schürften und pochten, bis die Goldstollen wegen einer Klimaverschlechterung unter Gletscherzungen verschwanden. Heute ist der Goldrausch wieder möglich – mit Goldwaschpfanne in der Hand und Gummistiefeln an den Füßen.

#Goldbergbau #Abenteuer #Familienspaß #aktivsein

→ ABSTECHER …

Zeitreise: Im Fleißtal am Großglockner wurde ein Goldgräberdorf aus dem 16. Jahrhundert rekonstruiert.

Gold fasziniert die Menschheit seit Jahrtausenden. Schon die Kelten und Römer fanden in Österreich Gold, im Mittelalter entdeckte man an der Großglocknerstraße ein großes Vorkommen, das ab dem Jahr 1300 abgebaut wurde. In der Blüte der Bergbauzeit waren rund 3000 Menschen als Knappen, Truhenschieber, Sackzieher, Pocher oder Schmelzer beschäftigt. Mit einer Klimaverschlechterung veränderten sich die Bedingungen und die Goldstollen verschwanden. Der Mythos Gold aber ist gegenwärtig: Geologen vermuten heute noch einige Hundert Tonnen in den Österreichischen Alpen, allein in der Goldberggruppe sollen Goldvorkommen von etwa 120 Tonnen verborgen sein.

1974 wurde am Großglockner eine alte Goldgräbersiedlung originalgetreu wiederaufgebaut. Das Goldgräberdorf in der Fleiß bei Heiligenblut war das erste europäische Goldgräber-Freilichtmuseum, das im Stil des ausgehenden 16. Jahrhunderts rekonstruiert wurde. Wer hier Gummstiefel anzieht und mit der Goldwaschpfanne in den Kleinfleißbach watet, merkt allerdings bald: Es ist nicht alles Gold, was glänzt. Im Durchschnitt kommen auf eine Tonne Gestein in Österreich nur circa 0,3 Gramm Gold vor. Am Spaß ändert das allerdings überhaupt nichts.

Die Technik des Goldwaschens besteht darin, das leichtere Sand- und Kiesgemisch über den Seitenrand der Waschpfanne hinauszuspülen.

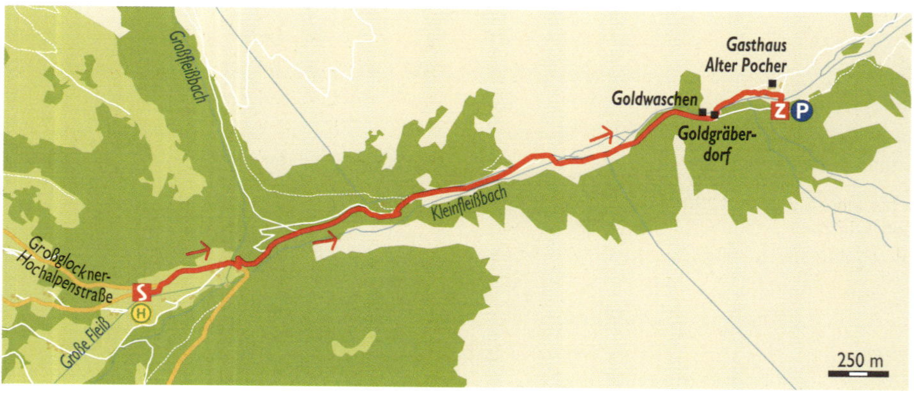

Vor Ort gibt es Gummistiefel und Waschpfannen zum Ausleihen - und Goldranger, die beim Goldwaschen helfen.

Das schwerere Gold bleibt am Boden der Waschschüssel liegen. Zuerst taucht man die Goldwaschpfanne ins Wasser und füllt sie mit dem Goldsand-Gemisch. Nun schüttelt man die Schüssel unter Wasser etwa 10 Mal kräftig. Dadurch kann Gold, falls vorhanden, zum Boden sinken, gleichzeitig lösen sich staubige Bestandteile vom Sand. Bewegt man die leicht geneigte Schüssel unter Wasser seitwärts hin und her, kann der oberste Sandbereich abfließen. Das macht man so lange, bis sich eine Handvoll Material in der Goldwaschpfanne befindet. Nun hebt man die Pfanne mit einer ordentlichen Portion Wasser hoch und wäscht in kreisförmigen Bewegungen das Wasser über den Schüsselrand hinaus, bis die ersten Goldkörner sichtbar werden. Mit einer Pinzette oder trockenen Fingern kann man die Fundstücke in ein Röhrchen geben - und die Goldranger vor Ort fragen, was man gefunden hat. Goldnuggets gibt es heute keine mehr, mit ein bisschen Geduld lässt sich aber ein wenig Goldstaub aus dem Bachlauf waschen.

Ob mit oder ohne Gold, die Stärkung danach gibt es im Alpengasthof Alter Pocher (www.alterpocher.at), mit Blick auf die Goldwäscher im Kleinfleißbach, umgeben von den 3000ern der Hohen Tauern und mit Kärntner Köstlichkeiten auf den Tellern.

Hin & weg: Über die Großglocknerstraße (B107) nach Heiligenblut und auf der Großglockner-Hochalpenstraße bis zur Kehre 27, hier abzweigen ins Kleine Fleißtal. Mit dem Zug bis Lienz in Osttirol, mit dem Bus 942 nach Winklern im Mölltal und dem Bus 5108 nach Heiligenblut und weiter zur Haltestelle Heiligenblut/Fleißtal/Fleißkehre. Alternativ ab Heiligenblut mit dem Taxi.

Beste Zeit: Juni–September.

Dauer & Strecke: Von der Bushaltestelle Fleißtal/Fleißkehre 3,2 km und 290 hm, dafür benötigt man ca. 1,5 Std. Im Goldgräberdorf (www.goldgraeberdorf-heiligenblut.at) sollte man mind. 2 Std. einplanen. Für Inhaber der Kärnten Card ist der Eintritt kostenlos.

Ausrüstung: Bequeme Kleidung, warme Socken. Goldwaschpfannen und Gummistiefel gibt es vor Ort.

FAZIT: LUSTIGES ABENTEUER FÜR KLEINE GOLDWÄSCHER UND GROßE WESTERNFANS, DIE IMMER SCHON MAL EINEN GOLDRAUSCH ERLEBEN WOLLTEN.

NAMASTÉ IN DEN NOCKBERGEN

... beim Mountain-Yoga in Bad Kleinkirchheim

#12

Zwischen Wald, Wasser und wunderbaren Weitblicken werden auf dem neuen Mountain-Yoga-Trail Energiezentren aktiviert und wieder in die richtige Balance gebracht – in der beeindruckenden Bergkulisse des Biosphärenparks Nockberge auf 2000 Metern Höhe.

#Gipfel #Chakren #Outdoor #Energie #Yogis

Neu in den Nockbergen: der Yoga-Trail hoch über Bad Kleinkirchheim.

»Ich verbeuge mich vor dir. Das göttliche Licht in mir ehrt das göttliche Licht in dir«: Der unter Yogis bekannte Gruß prangt auf einem Holzschild, das auf einem Felsen befestigt ist. Rundum hohe Bäume und der würzige Geruch des Waldes, am Horizont die Gipfel der Nockberge und das intensive Blau des Speichersees an der Bergstation der Biosphärenparkbahn Brunnach.

Hoch oben, auf fast 2000 Metern Seehöhe über Bad Kleinkirchheim, startet der erste und einzige Mountain-Yoga-Trail Österreichs. Los geht's direkt neben der Bergstation. Der Mountain-Yoga-Trail verläuft in einem Rundweg. Zuerst geht es hinunter zum Speichersee Brunnach, wo in der Mitte des Uferweges die erste Station des Trails markiert ist. Eine Asana, also eine konkrete Körperhaltung, ist

hier noch nicht dran, vielmehr soll man den Weg bis zur zweiten Station nutzen, um in der Gegenwart auf dem Berg anzukommen. Am Ende des Speichersees angelangt, folgt man dem Weg in den Wald und gelangt zur zweiten Station. Jetzt startet die Outdoor-Yogastunde. Insgesamt gibt's zehn Stopps, jeweils mit Anweisungen, welche Asana auszuführen ist. Die einzelnen Stationen wurden liebevoll aus Holz gestaltet, damit sie sich in den Wald einfügen. Wichtig bei der Umsetzung war Achtsamkeit – nicht nur für Yogis, sondern auch für Wald und Natur. Energie und Erdung sollten hier Hand in Hand gehen.

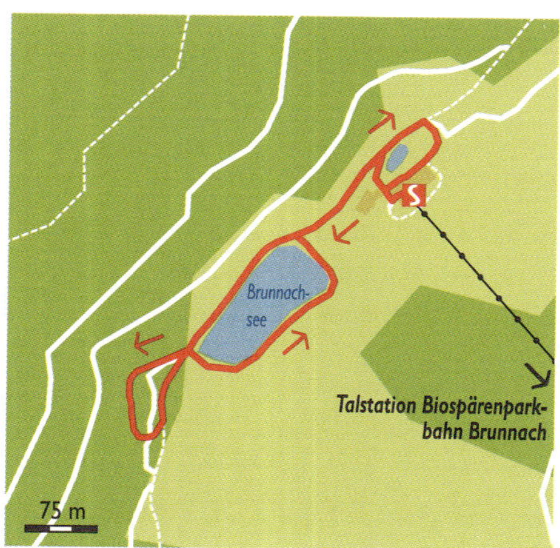

Der Trail führt in einem Bogen durch den Wald und eignet sich sowohl für Anfänger, als auch für Yoga-Profis. Auf der Website mountain-yogatrail.at wird in zehn Videos zu jeder Station die passende Yoga-Position erklärt. Mit angenehmer Stimme und viel Know-how führt die Sportwissenschaftlerin und Yogalehrerin Anja Krois durch die einzelnen Positionen. Sie hat den Mountain-Yoga-Trail mitentwickelt und erklärt digital die richtige Atmung

Insgesamt gibt es zehn Yoga-Stationen. Wer will, kann sich Videos zu den Positionen anschauen. Auf dem Berg ist kostenloses WLAN verfügbar.

und Haltung und die Wirkung jeder einzelnen Übung (kostenloses WLAN auf dem Berg). Nach etwa einer halben Stunde tritt man bei Station 10 aus einer Waldlichtung und beendet das Mountain-Yoga mit einer Tiefenentspannung in Form einer abschließenden Meditation. So werden Stresshormone abgebaut und Glückshormone ausgeschüttet. Wer will, zieht sich hierfür in den Felsendom zurück. Stimmung? Magisch.

Zurück geht's wieder entlang des Speichersees, mit umwerfendem Blick auf die Nockberge. Wer Zeit hat, setzt sich in eine der Ruhe- und Relaxinseln am Wasser, lässt den Blick über die Berge schweifen und genießt die frisch gewonnene Energie.

Fazit: Ob Yogi oder nicht – die Nockberge in Kärnten schenken jedem neue Energie!

Hin & weg: Über die Kleinkirchheimerstraße (B88) nach Bad Kleinkirchheim und weiter auf der St. Oswalder Straße (L 13) bis zum Parkplatz bei der Nationalparkbahn Brunnach. Mit dem Zug nach Spittal-Millstätter See, mit dem Bus 5140 nach Radenthein und mit dem Bus 5144 zur Haltestelle Biosphärenparkbahn Brunnach. Mit der Biosphärenparkbahn Brunnach zur Bergstation (für Inhaber der Kärnten Card kostenlos).

Beste Zeit: Frühling–Herbst.

Dauer & Strecke: Die 10 Yoga-Stationen verteilen sich auf ca. 0,5 km. Wer alle Übungen entspannt machen will, benötigt zwischen 30 und 45 Min. Im Sommer gibt's regelmäßig Yogastunden auf dem Berg mit der Sportwissenschaftlerin und Yogalehrerin Anja Krois (www.yogainmotion.at).

Ausrüstung: Yoga- oder Sportbekleidung, evtl. Yogamatte, Wasserflasche.

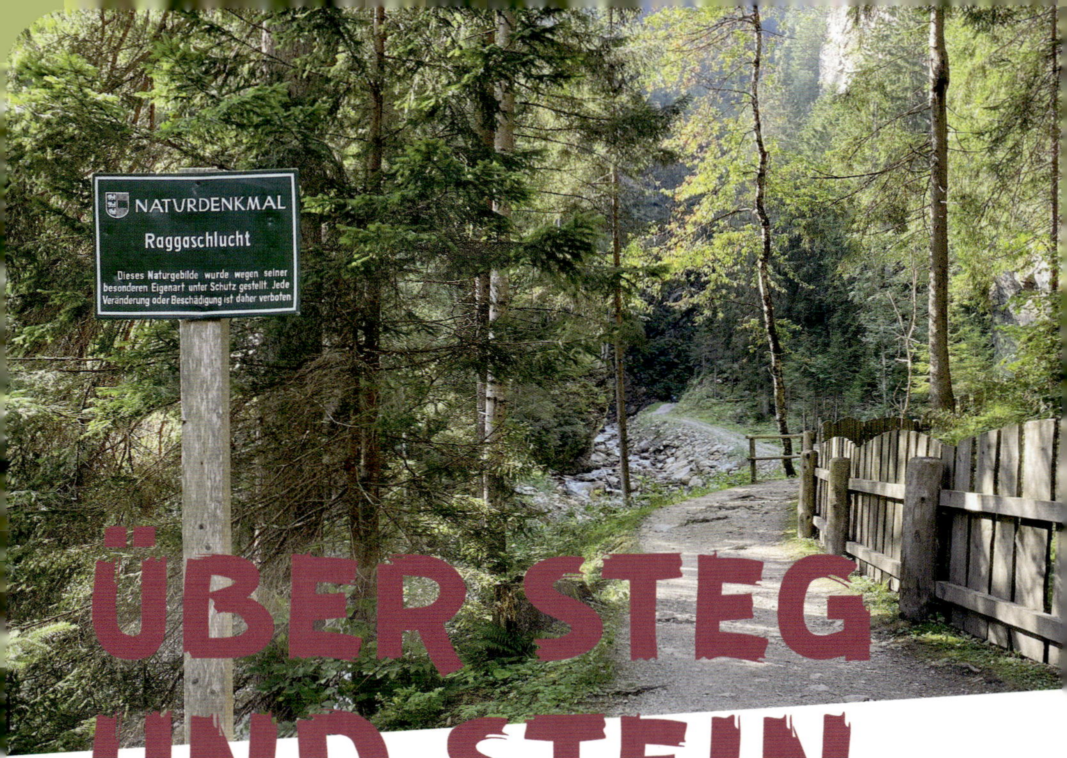

ÜBER STEG UND STEIN

... in der Raggaschlucht

#13

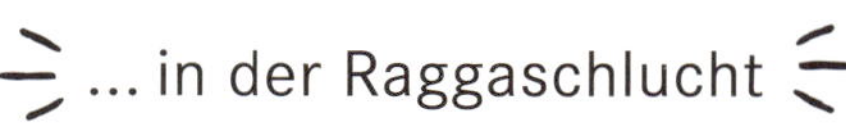

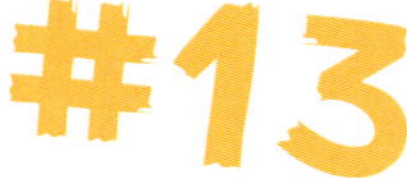

Abermillionen Wassertropfen flirren durch die Luft. Mit lautem Tosen bahnt sich der Raggabach seinen Weg durch hohe Felsen. Zwischen bemoosten Felswänden führt ein steiler und schlüpfriger Weg aus Stufen und Stegen hinauf ins Abenteuer – und hinein in die gewaltige Raggaschlucht im Mölltal.

#Klamm #Kletterpartie #Schluchtdurchquerung #mystisch

→ ABSTECHER …

In der Raggaschlucht geht es über Stufen und Stege, stets begleitet vom tosenden Wasser.

Wo am Fuße der Kreuzeckgruppe der Raggabach durch eine Schlucht donnert, war das Wasser schon immer das zentrale Element. Wandert man heute zwischen senkrechten Felswänden und tosendem Wasser, kann man schwer erahnen, dass dieses Naturschauspiel bereits in der Eiszeit entstand. Über Millionen Jahre bahnte sich das Wasser seinen Weg durch die Felsen und formte so eine der schönsten Naturschluchten der Alpen. Mit nur 800 Metern Länge ist die Raggaschlucht zwar verhältnismäßig kurz, dafür aber tief: 200 Höhenmeter überwinden Besucher auf dem magischen Weg durch die enge Klamm.

Start ist in der Ortschaft Schmelzhütten. Vom Parkplatz führt ein Weg sanft ansteigend in zehn Minuten zum Kassahaus (Kassenhäuschen). Nun geht's los! Zuerst wandert man an einem Waldweg entlang des Raggabachs, doch schnell ist die Holzsteganlage erreicht, die durch die ganze Klamm führt. Zwischen

senkrechten, teils überhängenden Felswänden wurden hölzerne Stege mit Hunderten Stufen und mehreren Brücken angebracht, die über dem Wasser nach oben führen. Das Wasser tost und tobt und ist so nah, dass die Sicherungsseile und Holzstege stellenweise sehr nass und rutschig sind. Die Durchquerung der Klamm ist nicht schwer, erfordert aber Trittsicherheit und gute Schuhe mit einer griffigen Sohle. Wer nicht ganz schwindelfrei ist, kann sich beidseitig am Holzgeländer und an den Sicherungsseilen, die in den Fels geschlagen wurden, festhalten.

So geht's Schritt für Schritt und Stufe um Stufe nach oben, mal steil bergauf, mal in engen Biegungen um die schroffen Felsen und immer wieder mit Tropfen von oben. Da sich das Wasser an den Felsen sammelt, wird man unterwegs regelmäßig erfrischt. Nach 800 Metern ist die Schlucht dann durchwandert – und man erreicht einen Aussichtspunkt mit

---

Hin & weg: Über die Tauernautobahn (A10) zur Autobahnausfahrt Spittal/Millstätter See, weiter in Richtung Lendorf, auf der B100 bis zur Abfahrt Richtung Mölltal und über die B106 bis zum Parkplatz Flattach/Schmelzhütten. Mit dem Zug bis zum Bahnhof Mallnitz-Obervellach, weiter mit dem Bus 5114 zur Haltestelle Flattach/Raggaschlucht (freier Eintritt für Inhaber der Kärnten Card).

Beste Zeit: Mai–Oktober.

Dauer & Strecke: Schluchtdurchquerung mit 800 m und 200 hm ca. 1,5 Std., mit Wanderung bis zum Eingang und Einkehr ca. 3 Std.

Ausrüstung: Festes Schuhwerk (die Steganlagen sind feucht), Wetterschutzkleidung (das Wasser schäumt und spritzt in der Schlucht), evtl. Wanderstöcke, Wasserflasche.

Ist das Ende der Raggaschlucht erreicht, begrüßt einen lautstark der Raggabach, der aus zehn Metern in die Tiefe stürzt.

mehreren Sitzgelegenheiten. Zeit für eine kleine Pause und den Ausblick: Der Raggabach, der sich hier in einem circa zehn Meter hohen Wasserfall in die Tiefe stürzt, ist spektakulär!

Zurück führt ein Waldweg (die Schlucht darf nur in einer Richtung durchquert werden), der stellenweise etwas steil und mit Seilen gesichert ist. Auf dem letzten Stück nach Schmelzhütten gibt's mehrere Einkehrmöglichkeiten, unter anderem die Jausenstation Springer und das Gasthaus Raggaschlucht (gasthof-raggaschlucht-restaurant.eatbu.com).

FAZIT: ABENTEUERLICHE KLETTERPARTIE MIT SPEKTAKULÄREN AUSBLICKEN AUF DIE SCHLUCHT.

SOKO SABLATNIG-MOOR

... in Südkärnten

#14

Wo sich vor 12 000 Jahren ein See befand, wartet in der Landschaft rund um das Sablatnigmoor ein spannender Einsatz auf Natur-Detektive. Mit Fernglas und Fotoapparat geht's zwischen Wasser, Wald und Wiesen auf Exkursion in Eberndorf.

#Moorwanderung #Naturschutzgebiet #Pflanzen #magisch

→ Abstecher

Über verschlungene und verwurzelte Wege geht es rein in den Wald und rauf auf den Beobachtungsturm.

Es ist still im Sablatnigmoor. Ein Rascheln zwischen den Zweigen, eine Bewegung im hohen Gras, ein Flügelschlag am Himmel, sonst nichts. Denn im Naturschutzgebiet gibt's nur zwei Hauptdarsteller: Tiere und Pflanzen. Besucher spielen die Nebenrolle und wandern auf leisen Sohlen durch die Moorlandschaft. Jeder Schritt führt zu einer neuen Überraschung: 1700 Tier-, 300 Pflanzen- und 170 Vogelarten haben im Moor ihre Heimat. Nicht ohne Grund gilt das Sablatnigmoor als eines der bedeutendsten Vogelschutzgebiete Kärntens. Die mystische Stimmung ergibt sich aus der Geschichte des Gebietes: An der Stelle, an der sich das Sablatnigmoor befindet, war vor 12 000 Jahren ein nacheiszeitlicher See. Im Laufe der Jahrhunderte verlandete das Gebiet – und die Moorlandschaft entstand. Seither entwickelte sich eine vielfältige Pflanzenwelt: von fleischfressenden Pflanzen wie dem Langblättrigen Sonnentau und dem Wasserschlauch über seltene Orchideen wie Sumpf-Stendelwurz und Breitblättriges Knabenkraut bis hin zu Laichkräutern auf dem Wasser.

Der Sondereinsatz für Natur-Detektive startet auf dem Parkplatz der Buschenschenke Kordesch und führt über eine asphaltierte Straße abwärts. Nach wenigen Minuten gelangt man an einen Aussichtspunkt, von dem das Moor erstmals zu erspähen ist. Die Straße windet sich zwischen Sonnenblumen- und Maisfeldern in einem Bogen nach unten und geht in

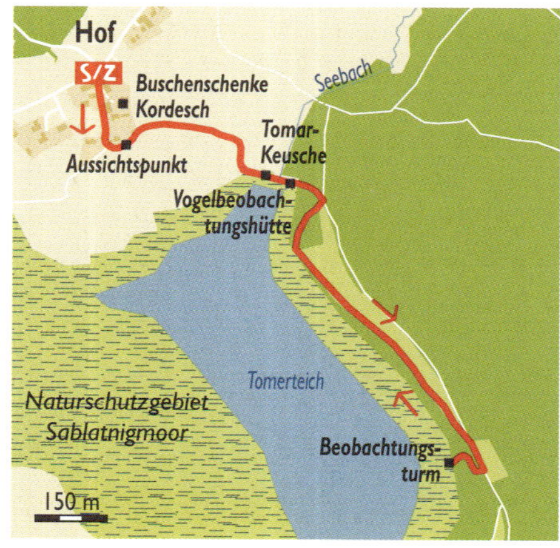

einen Schotterweg über. Bald ist die Tomar-Keusche erreicht. Hier startet die Erkundungstour. Schon nach den ersten Schritten ist ein versteckter Pfad erreicht, der ans Wasser führt. Von hier hat man einen großartigen Blick über das Moor.

Der Weg führt in einem Bogen um das Moor, Schautafeln mit Informationen zur Tier- und Pflanzenwelt säumen den Weg. Nach nur ein paar hundert Metern erreicht man die Vogelbeobachtungshütte mit einem Panoramafenster. Im Anschluss wandert man zwischen Wald und Wiesen bis ans Ende des Wassers. Augen auf: Zwischen Bäumen weist ein Schild den Weg zum Beobachtungsturm. Über einen verschlungenen Pfad geht's durch den Wald bis ans Ufer, wo man eine Aussichtsplattform

Für den perfekten Überblick im Moor gibt es eine Vogelbeobachtungshütte und einen Beobachtungsturm.

erklimmen kann. Oben angekommen, warten eine Bank und ein weiter Blick auf das Moorgebiet und die umliegenden Berggipfel Südkärntens. Jetzt wird es Zeit, das Fernglas auszupacken und alle Sinne zu schärfen. Mit Glück erspäht man Brutvögel wie Haubentaucher, Zwergtaucher, Krickente, Zwergrohrdommel, Blässralle, Stockente oder Eisvogel, die im Frühling oder Herbst im Sablatnigmoor Rast machen.

Zurück kommt man auf demselben Weg. In der Buschenschenke Kordesch (www.buschenschenke-kordesch.at) endet der Sondereinsatz am Sablatnigmoor mit Bauernspezialitäten aus der Region und einem Hofladen. Fall gelöst!

Hin & weg: Über die Südautobahn (A2) und die Abfahrt Grafenstein zum Klopeiner See, weiter nach Hof zur Buschenschenke Kordesch. Mit dem Zug bis zum Bahnhof Völkermarkt-Kühnsdorf und mit dem GoMobil (www.gomobil.at) zum Sablatnigmoor.

Beste Zeit: Im Herbst, in der Früh, wenn das Moor erwacht. Wer will, bucht eine Führung (www.eberndorf.at/Natur- und Ramsarschutzgebiet Sablatnigmoor).

Dauer & Strecke: Für ca. 4 km benötigt man 1 Std., mit Pause am Beobachtungsturm und Besuch in der Buschenschenke sollte man 2,5–3 Std. einplanen.

Ausrüstung: Fernglas und Fotoapparat.

FAZIT: EINES DER SCHÖNSTEN MOORE KÄRNTENS MIT VIEL NATUR – MAGISCH UND MYSTISCH ZUGLEICH!

LA LA LEND

... vom Lendspitz zum Lendhafen in Klagenfurt

Der Lendkanal ist die Lebensader von Klagenfurt: Auf der vier Kilometer langen Strecke zwischen See und Stadt staunt man über Prachtvillen, erhascht Ausblicke auf die Wörthersee-Ostbucht und entdeckt im Lendhafen die kreative und tolerante Szene der Stadt.

#Fluss #stadtnah #UrbanArea #kreativ #LGBTQ

→ ABSTECHER …

Kärntens Landeshauptstadt wurde 2008 von Klagenfurt in Klagenfurt am Wörthersee umbenannt. Streng genommen liegt die Stadt aber gar nicht am Wörthersee, sondern am Lendkanal, der das Zentrum mit Kärntens bekanntestem See verbindet.

Im 16. Jahrhundert künstlich angelegt, wurden auf dem Wasser Bau- und Heizmaterial und die Waren der Wörtherseefischer transportiert, sogar venezianische Gondoliere fuhren auf der Lend. Heute ist der Lendkanal die Lebensader Klagenfurts und die schönste Verbindung von Stadt und See. Start der Tour ist beim Lendspitz-Maiernigg. Hier befindet sich der letzte natürliche Uferstreifen am Wörthersee. Als in den 1970er-Jahren der größte Teil der Ostbucht verbaut wurde, blieb eine rund 500 Meter lange Schilfzone unberührt. Heute stellt das Europaschutzgebiet Lendspitz-Maiernigg einen wichtigen Lebensraum für verschiedene Tier- und Pflanzenarten dar. Der Weg führt zuerst durch die Schilfgasse, entlang der Glanfurt (die in Kärnten nur als Sattnitz bezeichnet wird) und vorbei an mehreren Sattnitz-Häuschen mit ihren spitzen Dächern. Nach 500 Metern biegt man in das Europaschutzgebiet Lendspitz-Maiernigg ab und folgt einem schmalen Pfad, der zwischen Wasser, Schilf und Wald hindurchführt – bis zum Lendspitz, wo die Sattnitz in den Wörthersee fließt. Hier stößt man auf die Halbinsel Maria Loretto und das erste Mal auf die Lend, die den weiteren Weg leitet: Entlang des Wassers geht's vier Kilometer lang geradeaus.

Die alternativste Seite Klagenfurts findet man im Lendhafen: Hier gibt es angesagte Lokale, Start-ups und Co-working-Spaces.

Langeweile kommt bei der schnurgeraden Strecke aber nicht auf. Unterwegs erzählen vor allem die Brücken Geschichten über den Lendkanal. Die älteste und beliebteste ist die Steinerne Brücke. Sie wurde im Jahr 1535 errichtet und war einst die einzige Verbindung zwischen den Stadtteilen Waidmannsdorf und St. Martin. Besonders schön wird die Brücke in Szene gesetzt, wenn sich ihr Rundbogen im Wasser spiegelt und zu einem Kreis schließt. Hier isst man das traditionellste Eis Klagenfurts, das seit 1973 im Morle Eissalon (www.facebook.com/morleeissalon) hergestellt wird. Unbedingt mit »Morle« bestellen, einer knackigen Schokokruste, die in ganz Klagenfurt unter diesem Namen bekannt ist!

Weiter geht's in Richtung Stadt, vorbei an der im Jugendstil erbauten Rizzibrücke bis zur Elisabethbrücke, die nach Kaiserin Sisi benannt wurde, die als 19-Jährige bei der Einweihung anwesend war. Im Lendhafen angekommen, wechselt das Jugendstil-Villen-Ambiente und man erreicht Klagenfurts alternative Ecke: Der Lendhafen ist sprichwörtlich ein Hafen für die kreative Szene, mit Start-ups, Hipsterlokalen, Co-Working-Spaces und Regenbogenbank. Seit Jahren wird das Lendhafen-Viertel revitalisiert; Ziel ist die Entwicklung von einem urbanen und toleranten Lebensraum in Klagenfurt. Das spürt und schmeckt man vor allem im Hafenstadt Urban Area (www.hafenstadt.at), wo man die »La la Lend«-Tour mit einer kunstvoll kulinarischen Pause beendet.

FAZIT: SPAZIERGANG ZWISCHEN STADT UND SEE MIT VIELEN KLEINEN HIGHLIGHTS & GROẞEN ÜBERASCHUNGEN!

Hin & weg: Über die Südautobahn (A2) und die Wörthersee-Süduferstraße bis zur Ecke Schilfweg/ Wörthersee-Süduferstraße (kleiner Parkplatz). Mit dem Zug nach Klagenfurt Hauptbahnhof und weiter mit der Buslinie 81 zur Haltestelle Süduferstraße/ GH Rösch.

Beste Zeit: Ganzjährig; am schönsten ist es im Frühling und im Herbst.

Dauer & Strecke: Für 5 km braucht man ca. 1,25 Std. für eine Richtung, mit Kaffee- oder Eispause länger. Wer den Rückweg abkürzen will, steigt in den Bus beim Lendhafen (Linie 81) oder schnappt sich ein Rad von Nextbike (www.nextbike.at/de/klagenfurt). Leihstationen gibt es u. a. beim Strandbad Loretto, an der Steinernen Brücke oder am Heiligengeistplatz.

Ausrüstung: Bequeme Schuhe, Zeit für viele Stopps.

WASSERFALL
HOCHOBIR
6
7

IM FREIEN FALL

... beim Wildensteiner Wasserfall in Gallizien 

#16

Kärntens schönste Fallstudie donnert südwestlich des Klopeiner Sees in der Gemeinde Gallizien aus einer senkrechten Felswand: Der Wildensteiner Wasserfall ist mit 54 Metern Fallhöhe einer der höchsten frei fallenden Wasserfälle Europas.

#Wasser #Naturspektakel #erfrischend #chasingwaterfalls

Der Weg zum Wildensteiner Wasserfall führt in Serpentinen 150 Höhenmeter nach oben.

Zuerst ist er nur zu hören. Ein stetes Rauschen in der Ferne, leise, aber deutlich wahrzunehmen. Zu sehen ist von den Wassermassen, die unterhalb des Gipfels des Hochobirs, dem höchsten Gipfel der südlichen Karawanken, in die Tiefe stürzen, aber nichts. Wer den freien Fall des Wassers nicht nur hören, sondern sehen will, folgt dem lauten Getöse.

Los geht's an der Rosentalstraße beim Gasthof Zenkl (www.gasthofzenkl.at) in Wildenstein. Ab hier führt eine Straße rund einen halben Kilometer durch den Wald leicht aufwärts zur Jausenstation Wasserfall (gehört zum Gasthof Zenkl) und zum offiziellen Start des Wanderweges. Sobald man die ersten Schritte auf dem ansteigenden Waldweg macht, nimmt man das Rauschen wahr. Zunächst noch leise und in der Ferne, wird das Geräusch lauter, je höher man kommt. Der Weg windet sich in Serpentinen nach oben. Nach einem etwa 15-minütigen Anstieg erreicht man einen Rastplatz, wo man kurz innehalten kann, ehe der letzte, steilere Anstieg startet. Der Weg wird nun zum schmalen Trail,

---

Hin & weg: Über die Südautobahn (A2) und die Packer Straße (B70) nach Gallizien und weiter zur Kreuzung an der Rosentalstraße (B85). Direkt an der Straße befindet sich der Gasthof Zenkl und ein großer Parkplatz. Mit dem Zug bis Klagenfurt Hauptbahnhof und weiter mit dem Bus 5356 bis zur Haltestelle Wildenstein/Mateusch.

Beste Zeit: Spätsommer oder Anfang Herbst.

Dauer & Strecke: Für 3,5 km und 150 hm benötigt man 1 Std., mit Pause am Wasserfall sollte man 1,5–2 Std. einplanen.

Ausrüstung: Sportschuhe, Wasserflasche, Kamera.

Der Weg nach oben ist nicht zu verfehlen.

der über einen steinigen und verwurzelten Pfad nach oben führt. Das Rauschen wird zu einem Dröhnen – und plötzlich blitzt der Wasserfall zwischen den Bäumen hervor. Bei der Aussichtsplattform angekommen, ist das Staunen groß: Aus einer senkrechten Felswand bricht der Wildensteiner Wasserfall mit lautem Tosen hervor und fällt dann 54 Meter in die Tiefe.

Glaubt man dem Volksmund, war ein Erdbeben im Jahr 1348 die Ursache, dass dieses Naturspektakel entstand: Die gewaltigen tektonischen Kräfte hätten den Wildensteiner Bach verschoben und den Wildensteiner Wasserfall gebildet, heißt es. Aufzeichnungen haben sich darüber keine erhalten, der Schönheit des Wasserfalls tut das aber keinen Abbruch.

Hinunter gelangt man auf demselben Weg. In der letzten Kurve könnte man dann sprichwörtlich selbst den freien Fall üben: Seit 2020 gibt's hier einen Flying Fox-Park. Nur wenige Meter unterhalb wartet eine Brettljause in der Jausenstation Wasserfall oder ein Besuch im Handwerksmuseum nur ein paar Schritte weiter: Auf 300 Quadratmetern werden hier historische Geräte und Werkzeuge ausgestellt, darunter eine rund 200 Jahre alte Venezianer Gattersäge.

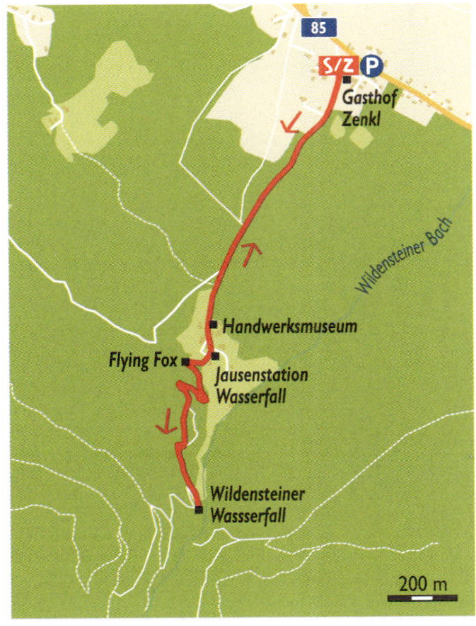

FAZIT: KÄRNTENS SCHÖNSTES WASSER IM FREIEN FALL – MUSS MAN UNBEDINGT GESEHEN HABEN!

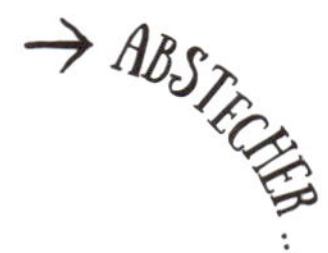

WANDERN ZUM WINZER

#17

Kärnten blickt auf eine tausendjährige Weinbaugeschichte zurück – mit Höhen, Tiefen und Jahrzehnten, in denen nichts wuchs. In den 1970er-Jahren erlebte Wein aus Kärnten eine Renaissance, die sich jährlich übertrifft. Als Geheimtipp gelten die Trauben, die an den Südhängen der Burgruine Glanegg gedeihen.

#weinwandern #Burg #Kulinarik #nomnomnom

Prost! Mit dem Blick über Mittelkärnten schmeckt der Burgwein noch besser.

Es waren die Kirchen- und Klosterbewohner, die in Kärnten die ersten Weinreben pflanzten. Bereits im Mittelalter wurden Trauben kultiviert. Doch so sehr damals der Wein aus Österreichs Süden geschätzt wurde, so schlecht waren danach die Umstände: Erst kamen zu hohe Zölle und Steuern, dann die Pilzkrankheit Peronospora – und so verschwand der Wein im 19. Jahrhundert fast vollends aus Kärnten. Bis zum Jahr 1972, als im Lavanttal wieder Reben gesetzt wurden. Plötzlich sah man: »Do woxt wos.« Und erinnerte sich daran, dass Weinbau in Kärnten keine Novität ist, sondern zu den Wurzeln des Landes gehört. Seither wird wieder Kärntner Wein kultiviert, von Profis genauso wie von Hobbywinzern. Im Jahr 2011 wurden erstmals wieder mehr als 100 000 Flaschen Wein erzeugt, heute sind es mehr als 500 000.

In Glanegg in Mittelkärnten wächst der Wein auf den sanften Hängen rund um eine Burgruine. Start der kleinen Winzertour ist am Parkplatz an der Ossiacher Bundesstraße (B94). Von hier führt ein einfacher Weg in wenigen Kurven nach oben zur Burgruine Glanegg, wo auf zwei Hektar der Burgwein angebaut

---

Hin & weg: Über die Ossiacher Bundesstraße (B94) zum Burg-Parkplatz. Mit dem Zug nach Feldkirchen und mit dem Bus 5221 zur Haltestelle Unterglanegg Neubauer.

Beste Zeit: Im Spätsommer.

Dauer & Strecke: Für 2 km und 100 hm benötigt man ca. 30 Min. Hin und retour plus Pause im Heurigen ca. 2 Std. Geöffnet ist immer nur Donnerstag und Freitag (www.burg-wein-lassnig.at).

Ausrüstung: Hunger und Durst. (Und das nötige Kleingeld.)

Unterhalb der Burg Glanegg befindet sich der Burg-Heurigenbetrieb.

wird. Bis das allerdings möglich war, wurde die drittgrößte Wehranlage Kärntens, die ursprünglich die Aufgabe hatte, den Durchgang durch das Glantal zu kontrollieren, in mühsamer Kleinarbeit restauriert. Denn seit dem 19. Jahrhundert verfiel die Burg zusehends. 2021 wurde ein neuer Rastplatz vor der Burg errichtet, im Frühjahr 2022 soll der Weg nach oben ausgebaut werden.

Heute befindet sich die Ruine im Besitz der Familien Zwillink und wird bereits seit 1996 von der Gemeinde Glanegg gepachtet. Der Burgverein Glanegg kümmert sich um die Revitalisierung. Als Mitglied war Franz Laßnig von Beginn an dabei – und übernahm die Aufgabe, die Fläche zu roden, die einst als Obst- und Weingarten diente. Nun gedeihen sechs Rebsorten auf den Südhängen unter der Burg mit Weinfaible: Sauvignon Blanc, Chardonnay, Weißburgunder, Zweigelt, Donauriesling und Blütenmuskateller. Im hauseigenen Heurigenbetrieb geht die Liebe zum Wein in die Liebe zum Detail über. Was auf den Tellern landet, ist hausgemacht und kann nur direkt im Familienbetrieb bezogen werden. Deshalb gibt es zu jedem einzelnen Gericht – vom Burgwein über selbst erlegtes Wild bis hin zu Zuckerreinkerl und Reindling – immer eine Geschichte, die Burgwirt Franz Laßnig seinen Gästen gerne erzählt.

FAZIT: EIN KLEINER SPAZIERGANG MIT GROßEM KULINARIK-FAKTOR!

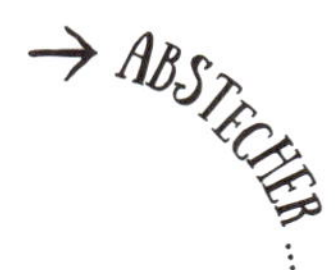

BÜHNE AM SEE

#18

Eingebettet zwischen den Nockbergen, der Millstätter Alpe, dem Goldeck und dem Mirnock spielt der Millstätter See eine große Rolle in der Region. Im Winter wird auf einem Slow Trail das schönste Stück gespielt. Die Besetzung: der See. Die Kulisse: eine Waldbühne. Der Applaus: frenetisch.

#Winterwunderland #WandernimSchnee #Eisbaden #Outdoor

Heiß und kalt: Wer will, schwimmt im Badehaus Millstatt erst im beheizten Pool und anschließend im eisigen See.

Im Westen die Dreitausender, im Süden Eichen-, Buchen und Erlenwälder, im Norden hügeliges Hinterland und in Millstatt historisches Flair mit der Villen-Architektur aus der Zeit der Sommerfrische: Keine Frage, der Millstätter See kann locker mit dem mondänen Flair des Wörthersees mithalten. Von High Society ist allerdings keine Spur, dafür dreht sich alles um Entschleunigung zwischen Berg und See, vor allem auf den Slow Trails, die den Weg entspannt gestalten, egal zu welcher Jahreszeit. Im Winter ist die Gegend um den See unterhalb der Nockberge weiß überzuckert und erlaubt Einblicke in eine völlig andere Welt.

Am Millstätter See gibt's drei Slow Trails, die so angelegt sind, dass man auf einfachen Wegen die landschaftlich schönsten Plätze zwischen See und Berg erreicht. Die Strecken sind maximal zehn Kilometer lang und überwinden nicht mehr als 300 Höhenmeter. Wer den See in seiner schönsten Rolle sehen will, sollte die Waldbühne ansteuern. Start ist am Parkplatz Kalvarienberg. Zuerst führt der Weg durch die Ortschaft Kleindombra. Über einen beinahe ebenen Forstweg geht's zu einem im wahrsten Sinne des Wortes spektakulären Schauspiel: zur Waldbühne auf der Luschan Höhe, einer Aussichtsplattform mit umwerfendem Blick auf den Millstätter See.

Unterwegs passiert man mehrere Stationen, an denen man allerlei Informationen zur Geschichte Millstatts und manche Sagen und Begebenheiten der Region erfährt. Die Infotafeln befinden sich am Ausgangspunkt des

Der Slow Trail führt durch den verschneiten Wald über dem Millstätter See.

Slow Trails, bei der Waldbühne, am Zwergsee und am Klieberteich. Von der Waldbühne geht der Rundweg weiter durch den verschneiten Wald, erst bergab zum Zwergsee und dann etwas steiler ansteigend zum Klieberteich. Ab hier sind fast alle Höhenmeter erledigt und der Weg führt abwärts zurück nach Kleindombra und durch die Ortschaft zum Ausgangspunkt.

Wer will, macht noch einen Abstecher ins Badehaus Millstatt. Erbaut nach der Idee der Sommerfrische von einst, schwimmt und wellnesst man im ersten Kärntner Badehaus. Hartgesottene wagen nach einer Schwimmeinheit im geheizten Infinity-Pool direkt am See den Sprung ins Seewasser. Eisig, aber erfrischend und einzigartig!

FAZIT: ENTSPANNTE WINTERWANDERUNG MIT SENSATIONELLEM BLICK AUF DEN MILLSTÄTTER SEE!

Hin & weg: Über die Tauernautobahn (A10) bis zur Ausfahrt Spittal/Millstätter See und weiter nach Millstatt zum Slow Trail Zwergsee Parkplatz. Mit dem Zug bis zum Bahnhof Spittal-Millstätter See und weiter mit dem Bus 5138 nach Millstatt Kalvarienberg.

Beste Zeit: Dezember, Januar und Februar.

Dauer & Strecke: 1 Std. reine Gehzeit für 3,6 km. Mit Badestopp im Badehaus Millstatt (www.badehaus-millstaettersee.at) ein halber Tag.

Ausrüstung: Winterschuhe, Handschuhe, Mütze, Badesachen.

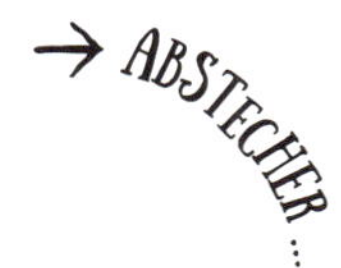

SPUREN IM SCHNEE

Sobald es geschneit hat, verwandelt sich der Hausberg von Klagenfurt in ein Winterwunderland. Wanderwege werden zu glitzernden weißen Pfaden, Bäume sind mit Schnee überzuckert, Büsche tragen Eiskristalle. Die ganze Welt scheint wie in Watte gehüllt. Alles, was zu hören ist, ist das eigene Stapfen im Schnee.

#Winterwanderung #stadtnah #Winterwald #erfrischend

Der beliebteste Aussichtspunkt am Kreuzbergl ist die Zillhöhe.

Kaiser Franz Josef und seine Gattin Sisi sind schuld daran, dass es auf dem Kreuzbergl ein dichtes Netz an Wanderwegen gibt. Als das Kaiser-Paar vor über 100 Jahren zu Besuch nach Klagenfurt kam, fing man an, die Wege auf dem Hausberg zu gestalten. Heute zieht es viele Spaziergänger und Wanderer im Sommer in das dicht bewaldete Naturerholungsgebiet. Im Winter verändert das Kreuzbergl sein Gesicht. Dann bleiben die Menschen aus und man wandert oft einsam und hat den Wald für sich.

Ausgangspunkt ist der Friedelstrand in der Wörthersee-Ostbucht. Am Ufer stehen die ersten Schilder, die aufs Kreuzbergl weisen. Zuerst durchquert man hinter dem Hotel Plattenwirt eine Unterführung und steuert hinauf in Richtung Freyenthurn. Die Straße geht in einen Schotterweg über und nach wenigen Metern ist der Klagenfurter Weinberg er-

---

Hin & weg: Über die Südautobahn (A2) und die Autobahnabfahrt Wörthersee in die Villacherstraße bis zum Metnitzstrand. Mit dem Zug bis zum Hauptbahnhof Klagenfurt, mit dem Bus 40, 41, 80 oder 81 zum Heiligengeistplatz und weiter mit dem Bus 10 oder 60 bis zur Haltestelle Schiffsanlegestelle. Zurück mit dem Bus 50 von der Station Kreuzbergl zum Heiligengeistplatz.

Beste Zeit: Sobald es ordentlich geschneit hat.

Dauer & Strecke: Für 7,5 km und 224 hm benötigt man ca. 2,5 Std.

Ausrüstung: Warme Wanderkleidung, feste Wanderschuhe, Handschuhe, Mütze, evtl. Wanderstöcke. Liegt viel Schnee, können die Wege in den Höhen schwierig zu gehen sein. Dann sollte man die Route anpassen und auf einfachere Wege ausweichen. Das gesamte Gebiet am Kreuzbergl ist sehr gut ausgeschildert.

Von der Kreuzberglkirche hat man einen tollen Blick auf die Stadt.

reicht, von dem man weit über den Wörthersee sieht. Hier, auf der Ried Seewiese, bauen mehrere Klagenfurter Winzer ihren Wein an. Der Weg führt nun an den Schlossteichen von Freyenthurn vorbei und hinauf auf die Zillhöhe, den beliebtesten Aussichtspunkt auf dem Kreuzbergl. Ab da immer aufwärts in Richtung Falkenberg, dem höchsten Punkt der Wanderung. Höhenmeter müssen nun keine mehr absolviert werden, es geht jetzt leicht abwärts in Richtung Osten. Nach rund 1,5 Kilometern erreicht man den Gasthof Waldwirt (www.waldwirt.co.at), wo man sich aufwärmen und stärken kann.

Weiter streift man auf ebenen Wegen durch den Wald, über den Bachmannweg und dann nach links in Richtung Kreuzberglkirche. Vorher erreicht man noch den Aussichtspunkt Karawankenblick, von dem man über die Stadt Klagenfurt sieht. Von hier dauert es auch nur noch wenige Gehminuten bis zum Endpunkt der Wanderung: der Kreuzberglkirche. Die barocke Kirche mit ihren beiden Zwiebeltürmen thront seit 1742 auf dem Hangplateau des Kreuzbergls. Zu ihren Füßen liegt der Kreuzweg, der mit 14 Stationen der gefallenen Kärntner beider Weltkriege gedenkt. Die Bushaltestelle, von der man in wenigen Minuten in die Innenstadt fährt, ist bereits in Sicht.

FAZIT: STADTNAHE WINTERWANDERUNG IN EINER HERRLICH VERSCHNEITEN NATURLANDSCHAFT!

SCHWUNG-VOLL

... auf dem Wodnertörl

#20

Eingebettet zwischen den Gailtaler Alpen im Norden und den Karnischen Alpen im Süden, erzählt das Bergsteigerdorf Mauthen eine lange alpinistische Geschichte. Wenn im Winter die Berge unter Schnee versinken, erklimmen Tourengeher weiße Gipfel und schwingen sich über die Hänge der unberührten Landschaft.

#Schneetour #Tourengehen #Winterwunderland #anspruchsvoll

→ ABSTECHER ...

Grenzregionen erzählen oft die schönsten Geschichten. So auch im Bergsteigerdorf Mauthen in unmittelbarer Nähe zum Plöckenpass. Die Staatsgrenze, die hier über den mächtigen Karnischen Kamm verläuft, prägt die Region: Früher wurde Wein aus Italien gegen Tabak und Zigaretten aus dem Norden getauscht, heute freuen sich Bergwanderer über die Koexistenz von Kärntner Schmankerln und italienischem Kaffee am Plöckenpass.

Im Winter wird es dafür ruhiger. Schnee und Eis versetzen die Landschaft in einen Winterschlaf. Dann bleiben die Wanderer aus, dafür kommen Tourengeher und genießen die freien Hänge der unberührten Landschaft bei weiten Schwüngen im Schnee. Eine der schönsten Touren führt hinauf aufs Wodnertörl, unter Kärntner Alpinfans ein Geheimtipp. Erfahrungen im Tourengehen sind notwendig, für trainierte Wintersportler ist die anspruchsvolle Strecke gut zu bewältigen.

Startpunkt ist auf der Plöckenpassstraße bei der Abzweigung zur Valentinalm. Parken, PKW-Schranke passieren, Tourenski anschnallen und los! Erst der Forststraße folgend, dann quert man die Brücke über den Valentinbach und biegt links ab. Weiter über den Sommerweg und die Rodelbahn zur unteren Valentinalm auf 1200 Metern. Von hier folgt man dem Weg, bis der Forstweg in Serpentinen weiterverläuft. Die vielen Kurven lassen sich im Gelände abkürzen. Immer rechts vom Bach halten, und bald passiert man die obere Valentinalm. Im freien Gelände geht es erst westwärts das Tal hinein auf eine Höhe von ca. 1650 Metern und ein Stück

Nach dem Aufstieg folgt die Belohnung: der Rückweg voller Schwünge im Schnee und ein Bier von Braumeister Alois Planner in Mauthen.

nordwestlich, bis man über schöne Hänge das Wodnertörl auf 2059 Metern und damit das Ziel der Tour erreicht.

Hin & weg: Über die Südautobahn (A2) bis Hermagor, auf der Gailtalstraße (B111) bis Kötschach-Mauthen, weiter über die Plöckenpassstraße (B110) bis zur Abzweigung Valentinalm. Hier gibt's einen Parkplatz. Mit dem Zug bis Oberdrauburg und mit dem Bus 5052 nach Kötschach Ortsmitte. Weiter mit dem Taxi.

Beste Zeit: Januar–März, besonders schön ist es am frühen Morgen.

Dauer & Strecke: Für 5 km und 1000 hm sollte man ca. 4 Std. einplanen. Wer zu viel Respekt vor den Höhenmetern hat, lässt den Gipfel aus und fährt von der Oberen Valentinalm zurück zum Ausgangspunkt.

Ausrüstung: Skitourenausrüstung, Erste-Hilfe-Set, Thermoskanne mit Heißgetränk, evtl. Harscheisen und Lawinenverschüttetensuchgerät. Unbedingt Lawinenlagebericht beachten!

Der Rückweg ist im Vergleich zum Aufstieg ein echtes Kinderspiel und erlaubt genussvolle Schwünge – erst über freie Hänge im Tiefschnee und dann über die Forststraße zurück zum Ausgangspunkt.

Wer sich nach der Tour aufwärmen und mit einem Bier belohnen will, macht in Mauthen in der Loncium-Brauerei (www.loncium.at) Halt. Die Biermanufaktur, deren Name auf die altkeltische Bezeichnung des Ortsteils Mauthen zurückgreift, braut köstliches Kärntner Bier aus Bio-Malz und Bio-Hopfen.

FAZIT: ANSPRUCHSVOLLE TOUR FÜR ERFAHRENE TOURENGEHER IN EINER MALERISCHEN, UNBERÜHRTEN LANDSCHAFT!

2. KAPITEL AUSFLÜGE

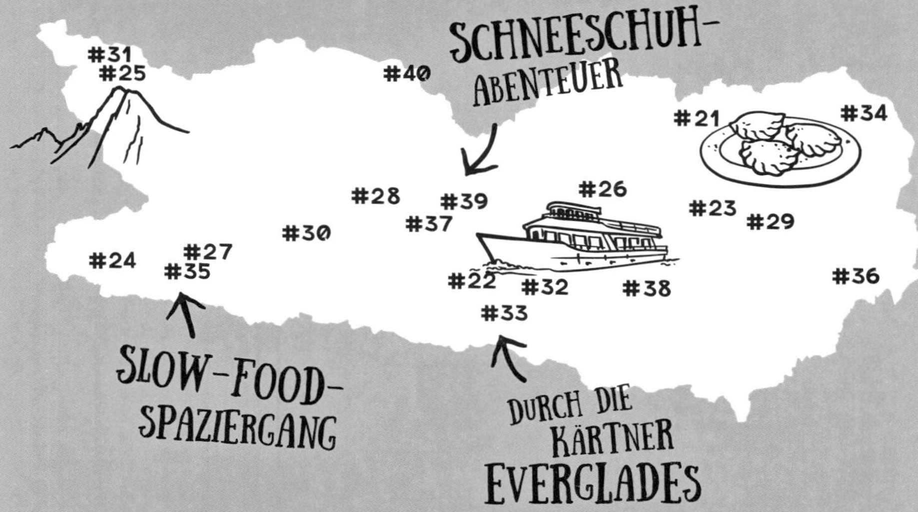

Raus für einen Tag

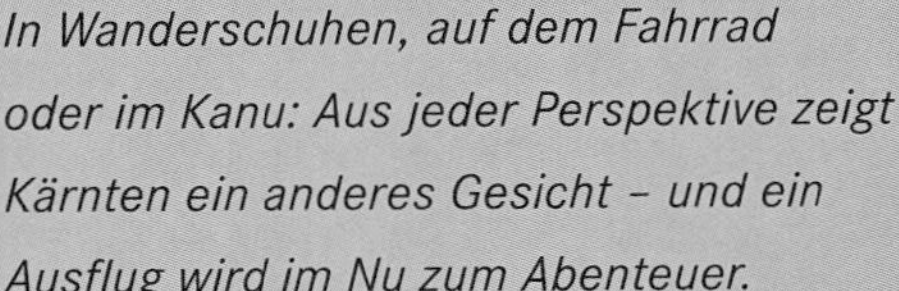

In Wanderschuhen, auf dem Fahrrad oder im Kanu: Aus jeder Perspektive zeigt Kärnten ein anderes Gesicht – und ein Ausflug wird im Nu zum Abenteuer.

12H

ZEITREISE INS MITTEL-ALTER

#21

Nirgendwo anders in Kärnten erlebt man mehr historisches Flair als in Friesach. Die älteste Stadt Kärntens ist bekannt für mittelalterliche Bauwerke, Burgen und die Burghofspiele. Im Winter hält Friesach Dornröschenschlaf. Die beste Zeit also, auf dem Burgenwanderweg Geschichte zu erleben.

#Burgenstadt #Geschichte #Mittelalter #magisch

Die süßeste Versuchung in Friesach: die Schokoladenmanufaktur Craigher.

Wer in Friesach ankommt, hat sofort das Gefühl, ins Mittelalter gepurzelt zu sein. Denn die Stadt ist umgeben von einer Stadtmauer, samt wasserführendem Stadtgraben. Für den Bau wurden 35 000 Kubikmeter Steine verwendet und ein Wassergraben auf einer Länge von 820 Metern per Hand ausgehoben. Das verleiht dem Ort jenes historische Flair, das Besuchern das Gefühl gibt, als würden sie durch die Zeit reisen.

Die Geschichte der Stadt entdeckt man am besten auf dem fünf Kilometer langen Burgenwanderweg. Start ist beim Renaissance-Brunnen am Hauptplatz. Von hier folgt man der Bahnhofstraße zum ehemaligen Olsator mit der Bäckertauche (ein mittelalterlicher Tauchpranger). Weiter geht's entlang des Grabenrings. Nach einem Stück auf der St. Veiter Straße überquert man diese und erreicht das Heidentor und die Ruine Virgilienberg. Immer der Petteneggallee nach, gelangt man zu einem der spannendsten Geschichtsprojekte Österreichs: dem Burgbau in Friesach. Im Süden der Stadt entsteht eine weitere mittelalterliche Burg – und das ausschließlich mit mittelalterlichen Handwerksmethoden. Das Experiment begann im Jahr 2009 und wird

---

Hin & weg: Über die Schnellstraße S37 aus Richtung St. Veit oder Scheifling kommend nach Friesach abbiegen und bis zum Parkplatz beim Rathaus. Mit dem Zug zum Bahnhof Friesach und knapp 10 Minuten zu Fuß zum Startpunkt.

Beste Zeit: Im Februar oder März, wenn der Schnee geschmolzen und der Frühling nicht mehr weit ist.

Dauer & Strecke: Für 5,2 km und 190 hm benötigt man 2 Std, mit Kaffee- und Kuchenpause ca. 4 Std.

Ausrüstung: Winterschuhe, Mütze, Handschuhe, Kamera.

Von der Aussichtsplattform auf dem Petersberg hat man einen tollen Blick auf Friesach.

voraussichtlich 40 Jahre dauern. Die Idee ist es, wie vor 800 Jahren eine Burg zu errichten, ohne Strom und Maschinen, dafür mit Handwerk, Tierkraft und natürlichen Baustoffen.

Über die Lourdesgrotte führt ein schattiger Weg im Wald retour, bis man die Abzweigung zur Ruine Rotturm erreicht. Nach einem kurzen Abstieg führt der Weg entlang alter Befestigungsmauern Richtung Nordwesten und man zweigt zum Petersberg ab. Der Blick von oben auf die mittelalterliche Stadt ist eine Augenweide! Hier thront stolz die Burg Petersberg, die bekannteste im »Friesacher Ensemble«. Im Sommer pilgern Tausende Gäste zu den Burghofspielen, die seit 1950 stattfinden. Im Winter hält Friesach dagegen einen Dornröschenschlaf. Wer im Februar auf dem Burgenwanderweg spaziert, erlebt die Stadt einsam und von ihrer ehrlichsten Seite.

Hinunter geht's erst durch bewaldetes Gelände, dann entlang der Conventgasse bis zur Neumarkter Straße und weiter in Richtung Stadtzentrum und Stadtgrabengasse. Hier steht mit der Dominikanerkirche die längste Kirche Kärntens, die keinen Turm, sondern nur einen kleinen Dachreiter hat. Über den Stadtgraben kommt man schließlich wieder zur Bahnhofstraße und zurück an den Ausgangspunkt. Den süßen Abschluss bildet ein Besuch in der Schokoladenmanufaktur Craigher (www.craigher.com). Hier entstehen 40 verschiedene Sorten handgeschöpfte Schokolade, darunter lokale Kreationen wie Kärntner Mostbirne.

FAZIT: NIRGENDWO ANDERS IN KÄRNTEN GIBT ES GEBALLT SO VIELE BURGEN – MEGASPANNEND UND LEHRREICH!

ROMANTIK AM RAD

... von Villach ins Künstlerdorf Nötsch

#22

Im Kärntner Südwesten verläuft parallel zur italienischen Grenze einer der idyllischsten Radwege der Region. Er führt durch die herrliche Kulisse der Karnischen und Gailtaler Alpen, stets begleitet vom Rauschen des Wassers. Die Hauptrolle spielt die romantische Gail – und das kleine Künstlerdorf Nötsch.

#Gailtalradweg #NötscherKreis #Kultur #Work-out

Der Gailtalradweg ist einfach zu befahren, wer will, holt sich Unterstützung von einem E-Bike.

→ AUSFLÜGE …

Eine Kurve, eine Unterführung, eine Anhöhe – und plötzlich ändert sich die Szene. Gerade noch auf den Straßen Villachs unterwegs, wird der Autolärm leiser, die Menschen weniger und die Natur intensiver, sobald man auf den Karnischen Radweg fährt. Als hätte jemand geschnipst und das Bühnenbild geändert.

Der Karnische Radweg, auch Gailtalradweg genannt, verläuft über 90 Kilometer von Kötschach nach Villach entlang der Gail und parallel zur italienischen Grenze – und es spielt keine Rolle, in welche Richtung oder wie lange man radelt. Eine ideale Tagestour mit spannendem Ziel ist die Strecke von Villach nach Nötsch. Gestartet wird in Villach an der Draubrücke, von hier geht es in östlicher Richtung ans Ufer der Gail. Sobald man über jene Kurve, Unterführung und Anhöhe den Radweg erreicht, bestimmt die Gail den Ton. Das Wasser rauscht und weist Radfahrern den Weg gen Westen, immer ausgeschildert als R 3. Die Route führt von Villach hinaus, auf einem ebenen Weg am Ufer entlang.

In Unterschütt macht man eine große Kurve, radelt unter der Südautobahn durch und wechselt die Uferseite. Ein paar Kilometer begleitet der Radweg die Autobahn, bis man wieder das Ufer wechselt und den Autolärm gegen das Rauschen der Gail eintauscht. Jetzt geht's in die pralle Natur und man fährt auf Wald- und Feldwegen, vorbei an Wiesen, Feldern und Wäldern, stets die Karnischen und Gailtaler Alpen im Blick und natürlich die schroffen Kanten vom Dobratsch, dem Hausberg von Villach.

Stärkung gibt's unterwegs in Lisi's Almwirtschaft und am Ziel in Nötsch in der Bäckerei Wiegele.

Über einen Feldweg erreicht man auf den letzten Kilometern das Ziel. In der Ferne zeichnet sich die Kulisse von Nötsch ab, das als Künstlerdorf bekannt ist. Obwohl der Ort klein ist, spielen Kunst und Kultur hier eine große Rolle. Das Museum des Nötscher Kreises (www.noetscherkreis.at) ist über die Grenzen bekannt und den vier Künstlern Sebastian Isepp, Franz Wiegele, Anton Kolig und Anton Mahringer gewidmet, die mit ihrer Malerei die österreichische Kunst am Anfang des 20. Jahrhunderts prägten. Die Ausstellungsräume befinden sich im Geburtshaus von Franz Wiegele, wo man auch auf das kulinarische Highlight des Dorfes stößt: die Wiegele Mühle (www.wiegelehaus.at). Seit 1876 werden hier Brote und Mehlspeisen nach alter Handwerkstradition und ohne künstliche Zusatzstoffe produziert. Die Zutaten kommen von den Bauern aus der Umgebung, das Mehl wird in der Mühle gemahlen.

Zurück kommt man auf derselben Strecke, erneut treu begleitet von der Gail. Da die Route jetzt vertraut ist, geht's schneller und es bleibt Zeit für Stopps – am Wasser, um die Füße in der Gail abzukühlen, oder im urigen Biergarten vom Gasthaus Almwirtschaft (www.lisis-almwirtschaftschuett.at) bei Arnoldstein. Nach so vielen Kilometern schmecken die zünftig belegten Brote besonders gut!

FAZIT: ROMANTISCHE RADTOUR ENTLANG DER GAIL PLUS BESUCH IM KÜNSTLERDORF – BESTE KOMBINATION!

Hin & weg: Über die Südautobahn (A2) nach Villach. Parken in der Tiefgarage Bahnhof/Draupassagen. Mit dem Zug bis Villach Hauptbahnhof.

Beste Zeit: Im Frühling.

Dauer & Strecke: Für ca. 66 km hin und retour sollte man eine Fahrzeit von ca. 4,5 Std. einplanen, mit Einkehr und Rundgang in Nötsch entsprechend länger.

Ausrüstung: Sportschuhe, Fahrradhelm, Rucksack, Wasserflasche.

DRUNTER. DRÜBER. DRUMHERUM

#23

Das wohl markanteste Wahrzeichen Kärntens ist die Burg Hochosterwitz östlich von St. Veit an der Glan. Stolz thront die Burg auf einem 150 Meter hohen Kalksteinfelsen und scheint alles zu überblicken. Das schönste Panorama zeigt sich aber nicht von oben, sondern wenn man die Burg wandernd umkreist.

#Rundwanderweg #Panorama #Burg

Der treue Begleiter der Rundwanderung ist die Burg Hochosterwitz, die auf der Strecke fast immer zu sehen ist.

Ohne Eitelkeit darf Kärnten sagen: Die Burg Hochosterwitz zählt zu den beeindruckendsten Burgen Mitteleuropas. Der Ausblick auf die umliegende Landschaft ist einfach fantastisch. Allerdings trifft hier ein Witz aus Paris zu: Was ist der Nachteil, wenn man auf dem Eiffelturm ist? Dass man den Eiffelturm nicht sieht. Genauso ist es mit der Burg Hochosterwitz: Das Bild ist einfach schöner, wenn die Burg mit drauf ist. Die Lösung ist der Burgrundweg, der um die mächtige Wehranlage führt.

Gestartet wird am Bahnhof Launsdorf-Hochosterwitz. Der Wanderweg 4 ist gut ausgeschildert und führt Richtung Osten aus dem Ort hinaus, am Kraftwerk am Kanal an der Gurk vorbei bis zur Kirche St. Martin. Weiter geht's entlang eines Reitweges und dann hoch zum Wald. Dort folgt die Wanderung dem Waldrand, stets mit der Burg zur rechten Seite. Bis der Weg schließlich bergab und in einer weiten Kurve nach St. Sebastian ver-

Hin & weg: Über die Klagenfurter Schnellstraße (S 37) und die Seeberg Straße (B82) zum Parkplatz am Bahnhof Launsdorf-Hochosterwitz. Mit dem Zug geht's von Klagenfurt direkt nach Launsdorf-Hochosterwitz.

Beste Zeit: Frühling, Sommer und Herbst, wenn rundum alles blüht.

Dauer & Strecke: Knapp 13 km und 220 hm ergeben eine reine Gehzeit von ca. 3,5 Std. Mit Abstecher hoch zur Burg zusätzlich 1 km, 100 hm und 20 Min.

Ausrüstung: Sportschuhe, Wasserflasche, Kopfbedeckung, Sonnencreme. Der größte Teil des Weges ist stark sonnenexponiert, daher unbedingt eincremen und regelmäßig trinken.

Der Blick auf den 150 Meter hohen Kalksteinfelsen und die Burg ist faszinierend.

läuft. Jetzt nähert man sich der Burg so richtig an und landet am unteren Rand der Wehranlage. Für eine Pause bietet sich der schattige Garten im Café-Restaurant Tatzer an.

Von hier zeigen sich die Burg und der gewaltige Kalksteinfelsen in ihrer vollen Pracht. Osterwitz wurde bereits 860 urkundlich erwähnt, doch Keramikreste weisen auf eine Besiedlung des Felsens ab der frühen Bronzezeit hin. Wann genau die erste Wehranlage gebaut wurde, ist nicht klar, doch man vermutet wegen der exponierten Lage auf dem Felsen, dass es bereits in vorchristlicher Zeit eine primitive Fluchtburg gab.

Steht man am Fuße der Burg, erkennt man die berühmten 14 Tore, die man auf dem Weg nach oben durchschreitet, besonders gut. Einst wurden die Tore angelegt, um Feinde aufzuhalten, die Tor für Tor erobern mussten, ehe sie nach oben gelangten. Nun gilt es zu entscheiden, ob man auf dem Wanderweg 4 direkt zurück nach Launsdorf geht oder doch kurz durch die 14 Tore nach oben wandert, um das Panorama zu genießen (auch wenn die Burg nicht drauf ist).

Das letzte Stück des Rundweges führt über einen Feldweg in Richtung Thalsdorf. Durch eine Unterführung gelangt man auf die Nordseite der Seeberg-Landesstraße und durchwandert den Ort. Dann geht es kurz entlang der Gurk, bis man wieder zurück nach Launsdorf zum Ausgangspunkt kommt.

FAZIT: DIE SCHÖNSTE BURG ÖSTERREICHS VON ALLEN SEITEN PERFEKT IM BILD!

GEAMO MORENDEN

… am Brot- und Morendenweg im Lesachtal

#24

Im äußersten Südwesten Kärntens, zwischen Karnischen und Gailtaler Alpen, gilt das Lesachtal als das naturbelassenste Tal Europas. Die Produkte der Bergbauern werden hier seit Jahrhunderten in nahezu gleicher Art und Weise hergestellt. Entlang des Brot- und Morendenweges werden diese Traditionen lebendig.

#Slowfood #Traditionen #genusswandern #Kulinarik

Im Lesachtal wird die Wanderung kulinarisch begleitet – mit vielen Stationen voller Geschmack auf dem Brot- und Morendenweg.

»Geamo Morenden!« Wenn diese Worte im Lesachtal erklingen, wird herrlich aufgetischt. Der Ausdruck »Morende« kommt aus dem Italienischen und bedeutet so viel wie jausnen (Brotzeit machen). Kamen einst Bauernfamilien im Lesachtal zusammen, um ihre traditionellen, selbst hergestellten Gerichte zu essen, hieß es »Geamo Morenden« und es wurde zu Tisch gerufen. Der italienische Einfluss ist der Lage des Lesachtales geschuldet, das nur durch den Karnischen Hauptkamm von Italien getrennt ist. Diesen hat man stets im Blick, wenn man sich aufmacht auf den Brot- und Morendenweg, wo die Traditionen von einst aufleben.

Start ist bei der Kultur- und Freizeitanlage in Klebas bei Liesing. Von hier führt der Wanderweg zuerst hinunter zur Gail, die im Lesachtal fast schluchtartig zwischen den Bergen fließt. Über einen Forstweg und mehrere Kurven gelangt man nach oben zur Steineckenalm, der ersten kulinarischen Station.

Hier dreht sich alles um Käse: Der Klassiker ist der Bergkäse aus Bio-Heumilch, der beim grandiosen Ausblick auf das Tal besonders gut mundet. Weiter geht's auf dem Forstweg und immer wieder durch den Wald in Richtung Obergailer Tal. Die nächste Pause macht man am Rastplatz beim Obergailer Bach oder kurz danach beim Bienenlehrpfad, wo man Bienenstöcke beobachten und Honig kaufen kann.

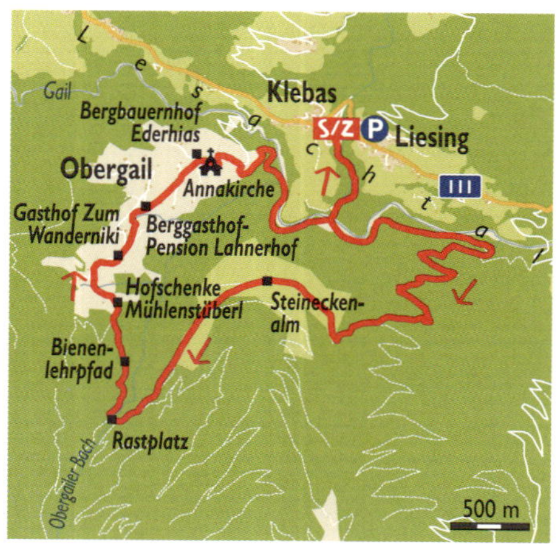

Es dauert dann nicht lange, bis der Weg in die Ortschaft Obergail führt. Hier gibt's die nächste kulinarische Tradition: Lesachtaler Stockplattlan in der Hofschenke Mühlenstüberl (www.muehlenstueberl.com). Die typische Lesachtaler Süßspeise besteht aus Germteig-Plattalan (Hefeteigscheiben), die in heißem Fett gebacken, mit einer Mohn-Fülle bestrichen und dann aufeinandergeschichtet werden. Sie wird sonst nur im Familienkreis zu Weihnachten kredenzt.

Je länger man auf dem Brot- und Morendenweg wandert, desto kürzer werden die Abstände zwischen den Gastwirten. Deshalb braucht es auch nur wenige Schritte bis zum Alpenhotel Wanderniki (www.wanderniki.at), wo sich alles um die Lesachtaler Jause dreht.

Unterwegs kann man nicht nur essen, sondern die Spezialitäten aus dem Lesachtal auch für zu Hause kaufen.

Speck und Fleisch werden selbst erzeugt – und natürlich das Herzstück der Region: das Lesachtaler Brot, das so berühmt ist, dass es zum UNESCO-Welterbe zählt. Wer jetzt noch Platz hat, kann bei der Berggasthof-Pension Lahnerhof (www.pension-lesachtal.at) typische Lesachtaler Schlipfkrapfen kosten, deren Rezept von Generation und zu Generation weitergegeben wurde, oder – nach einem kurzen Weg hinunter zur Annakirche – beim Bergbauernhof Ederhias (www.ederhias.at) Bio-Heumilch, Buttermilch, Butter oder Joghurt von Lesachtaler Kühen kosten oder kaufen.

Der Rückweg ist beinahe geschafft. Nun geht es nur noch über einen Steig durch den Wald, hinunter zur Gail und anschließend zurück zum Ausgangspunkt.

Hin & weg: Über die B111 ins Lesachtal und zum Parkplatz der Kultur- und Freizeitanlage in Klebas bei Liesing. Mit dem Zug nach Kötschach-Mauthen und weiter mit dem Bus N 5050 ins Lesachtal.

Beste Zeit: Im Frühling, wenn die Natur so richtig erblüht.

Dauer & Strecke: Die reine Gehzeit für 11,4 km und 450 hm beträgt mindestens 3,5 Std. Mit kulinarischen Pausen sollte man einen Tag einplanen.

Ausrüstung: Wanderschuhe, Zeit, viel Appetit und ein Brotsackerl für ein Original Lesachtaler Bauernbrot.

FAZIT: GEHEN UND GENIEßEN IM NATURBELASSENSTEN TAL EUROPAS – GROßARTIG!

ES KLAPPERT DIE MÜHLE

… auf dem Alpe-Adria-Trail von Heiligenblut bis Döllach

Vom Gletscher ans Meer: Das ist das Versprechen des Alpe-Adria-Trails, der vom Großglockner bis ans Adriatische Meer führt – auf 43 Etappen und über 750 Kilometer. Eine der einfacheren Etappen erwandert man von Heiligenblut bis Döllach.

#Weitwanderweg #Mölltal #Apriach #Bergluft

Die Pfarrkirche Heiligenblut mit dem Großglockner im Hintergrund ist eines der bekanntesten Fotomotive Österreichs.

Wege, die vom Gletscher ans Meer führen, gab es schon immer, für den Alpe-Adria-Trail wurden sie kartografisch zu einem großen Ganzen zusammengeführt. Der Weitwanderweg verbindet das Beste aus beiden Welten: die Berge mit dem Meer. Die Route führt vom Fuße des Großglockners durch Österreich, Italien und Slowenien bis nach Muggia südlich der alten k. u. k. Hafenstadt Triest. Die Etappen sind um die 20 Kilometer lang und erfordern eine Gehzeit von rund 6 Stunden. Angst vor fordernden Gipfelbesteigungen muss aber niemand haben, denn der Weg verläuft vorwiegend im nicht alpinen Bereich und soweit möglich mit geringem Höhenunterschied.

Eine der einfacheren Routen führt mit der Etappe 2 von Heiligenblut nach Döllach. Start

Die Wanderung ist enorm aussichtsreich. Immer wieder gibt es spektakuläre Blicke auf den Großglockner.

ist im Ortszentrum von Heiligenblut. Zuerst geht's ein kurzes Stück entlang der Hauptstraße talauswärts, dann nach links und leicht bergab bis zum Fleißbach und der Fleißkapelle. Auf Nebenstraßen und Fußwegen erreicht man die Apriacher Landesstraße, quert diese und wandert weiter zum Weiler Oberschachnern. Von hier führt der Weg ohne nennenswerte Höhenunterschiede in das Bergbauerndorf Apriach. Der Ausblick ist fantastisch: im Rücken der schneebedeckte Großglockner, gegenüber der Jungfernsprung.

In Apriach angekommen wartet der Höhepunkt dieser Etappe: die berühmten Apriacher Stockmühlen. Auf einem Sonnenhang steht hier eines der letzten erhaltenen alpenländischem Stockmühlen-Ensembles. Der Begriff »Stock« leitet sich von der hölzernen Antriebsachse des Mühlsteins ab. Weil früher die Möll oft über die Ufer trat, verlegte man den Getreideanbau nach oben. Fast jeder Bauernhof hatte am Apriacher Bach seine eigene Mühle.

Hin & weg: Über die Mölltalstraße (B106) und weiter über die Großglocknerstraße (B107) nach Heiligenblut. Parken in der Tiefgarage Heiligenblut. Mit dem Zug bis Lienz in Osttirol, mit dem Bus 942 nach Winklern im Mölltal und mit dem Bus 5108 nach Heiligenblut. Zurück von Döllach mit dem Bus 5108 bis zur Haltestelle Heiligenblut/Seilbahn Talstation.

Beste Zeit: Juni–September.

Dauer & Strecke: Für 13 km und 460 hm benötigt man ca. 4,75 Std. reine Gehzeit, mit Pausen einen ganzen Tag. Wer mehrere Etappen des Alpe-Adria-Trails gehen möchte, kann Hotels und Gepäckservice im Voraus buchen (www.alpe-adria-trail.com).

Ausrüstung: Wanderschuhe und -kleidung, evtl. Wanderstöcke, Wasserflasche.

Die Stockmühlen in Apriach stammen aus dem 18. Jahrhundert und waren bis in die 1980er-Jahre in Betrieb.

Insgesamt gab es einst acht Mühlen, die alle spätestens im 18. Jahrhundert gebaut wurden, allerdings seit den 1980er-Jahren nicht mehr in Gebrauch sind.

Weiter geht's hinunter zur Apriacher Landesstraße. Diese wird gequert, dann steigt man abwärts zum Mentlhof, wo man gut rasten und ein Bergbauernmuseum besichtigen kann, in dem man viel über das Leben auf 1400 Metern Höhe lernt. Nun führt der Weg in Richtung der Ortschaft Mitten, kurz vor dem Ort zweigt man jedoch rechts ab und wandert über Wiesen und durch Wälder abwärts, bis man erneut auf eine der vielen Kehren der Apriacher Landesstraße stößt. Wer die Strecke abkürzen möchte, bleibt auf der Straße, der reguläre Trail biegt allerdings in der nächsten Kehre in einen Wanderweg ein, der abwärts bis nach Döllach führt.

Die letzten Meter ins Ortszentrum wandert man auf dem Dorfweg – und kehrt dann am besten im Dorfwirtshaus (www.doellach.at) ein, um sich für die absolvierte Etappe zu belohnen. Der 500 Jahre alte Familienbetrieb hat viel Flair und jede Menge hausgemachte Spezialitäten.

FAZIT: EINFACHERE ETAPPE DES ALPE-ADRIA-TRAILS MIT TOLLER AUSSICHT AUFS MÖLLTAL.

BEEREN-STARK UNTERWEGS

#26

Von den rund 2000 Seen in Kärnten ist der St. Urbaner See einer der wenigen, die nicht natürlich entstanden sind. Das tut seiner Schönheit aber keinen Abbruch. Rund um den See nähert man sich bei einem Spaziergang der Natur zwischen Walderdbeeren und wilden Himbeeren an.

#Badesee #Beerenpflücken #Seeumrundung #Wasserspaß

Unterwegs informieren sechs Erlebnisstationen über die Pflanzen- und Tierwelt rund um den See.

Die Berge spiegeln sich im Wasser. Hier eine graue Bergkuppe, dort der grüne Umriss einer Baumkrone, dazwischen Wolken, die sich in Zeitlupe über das Wasser zu bewegen scheinen. Der Urbansee ist mit seinen neun Hektar zwar klein, aber einer der schönsten Bergseen Kärntens. Gelegen auf 745 Metern Höhe in den Gurktaler Alpen im nördlichen Mittelkärnten ist die Natur hier die Hauptdarstellerin. Denn das Seengebiet mit dem St. Urbaner Berg wurde zum Landschaftsschutzgebiet erklärt und der Rundweg um den See zum Naturerlebnispfad weiterentwickelt.

Die Tour beginnt beim Parkplatz vom St. Urbaner See. Über einen Steig geht's sanft nach oben; die einzigen Höhenmeter, die bei der Seeumrundung absolviert werden müssen. Der Weg führt oberhalb des Strandbades vorbei, mit Blick auf die Badegäste. Je weiter man sich vom Strandbad entfernt, umso ruhiger wird es. Der Weg verläuft direkt am Ufer: rechts der See, links der Wald – und dazwischen rote und pinke Farbkleckse, die herrlich duften. Denn im Sommer wachsen entlang des Naturerlebnispfades aromatische Walderdbeeren und wilde Himbeeren. Es pflückt und nascht sich also munter voran.

Hin & weg: Über die Ossiacher Bundesstraße (B94) bis zur Abzweigung St. Urban, weiter auf der Simonhöhe Straße (L 68a) zum Parkplatz vor dem Strandbad St. Urban. Mit dem Zug nach Feldkirchen und mit der Buslinie Linie 5223/25 bis St. Urban/ Strandbad.

Beste Zeit: Im Sommer, wenn Walderdbeeren und Himbeeren wachsen.

Dauer & Strecke: Für 2 km benötigt man 45 Min., mit Beerensammeln und Baden sollte man einen Tag einplanen.

Ausrüstung: Sportschuhe, Badesachen, Behältnis für Beeren.

Erst die Seeumrundung auf einem ebenen Weg, dann die Rast in einem Liegestuhl.

Doch es sind nicht nur Beeren, die einem den Weg weisen, sondern die gesamte Pflanzen- und Tierwelt des Landschaftsschutzgebietes, zu deren Besonderheiten Fische, Wasservögel und Libellen sowie Amphibien und Lesesteinmauern zählen. Unterwegs gibt's sechs Erlebnisstationen, die Einblicke in die besonderen Merkmale des Urbansees und seiner umgebenden Kulturlandschaft geben. Wer will, kann hier aktiv Infos finden, indem er an einer Tafel dreht, durch ein Holzfernrohr blickt oder Klapptafeln öffnet.

Am östlichen Ende des Sees angekommen, zeigt sich ein neues Bild. Hier offenbart sich ein 200 Meter langer Damm. Da der Urbansee künstlich aufgestaut wurde, hat man jenen Damm errichtet, über den der See entwässert wird. Im Dammbereich erreicht der See seine größte Tiefe von rund drei Metern. Hier lohnt es sich, eine Pause zu machen – für Fotos und zum Relaxen. Wer genau hinsieht, entdeckt Seerosen auf dem Wasser, versteckte Buchten und Liegestühle, die von der Gemeinde aufgestellt wurden.

Der letzte Teil des Weges führt entlang der Straße und zurück zum Parkplatz. Der Spaß ist aber noch nicht vorbei, denn jetzt heißt es: »Ab ins Wasser!«. Das ist im Sommer herrlich warm, denn trotz der hohen Lage erreicht der Urbansee im Sommer Wassertemperaturen von bis zu 27 Grad! Zum Nachtisch vielleicht noch eine Beere?

FAZIT: KLEINER SEE MIT GROßEM NATURERLEBNIS – EIN ABSOLUTER GEHEIMTIPP IN MITTELKÄRNTEN!

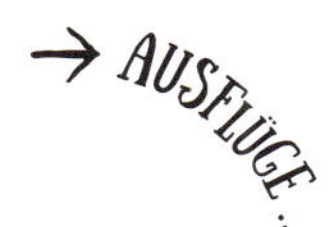

HOCH HINAUF

#27

Die Gipfel der umliegenden Bergketten scheinen zum Greifen nahe, wenn man sich im Westen von Kärnten dem Bergmassiv der Jauken annähert. Eine nahezu unbekannte Wandertour führt mitten in die einsame Bergwelt zwischen Gailtaler Alpen, Lienzer Dolomiten und Karnischen Alpen.

#Bergwelt #Gipfeltour #Panorama #Höhenluft

Zwischendurch lohnt sich eine Pause im saftigen Gras, um das Panorama zu genießen.

Almwiesen mit wild blühenden Blumen, schroffe Berggipfel, dazwischen eine kleine Hütte, die sich wie gemalt in die Natur einfügt: Die Jaukenalm liegt auf 1934 Metern inmitten einer malerischen Almlandschaft über dem Tal auf einem Hochplateau auf der

Hin & weg: Über die B111 nach St. Daniel und über das Maienbachl und Goldberg hinauf zur Jaukenalm. Langsam fahren, die Straße ist eng und rau! Mit dem Zug bis zum Bahnhof Hermagor und weiter mit dem Bus 5058 bis St. Daniel/Ortsmitte. Wer kein Auto hat, nimmt ein Taxi bis zur Jaukenalm.

Beste Zeit: Im Sommer, wenn die Almwiesen blühen.

Dauer & Strecke: Für insgesamt 4,2 km und 350 hm benötigt man ca. 2,5 Std. Mit Anfahrt und Einkehr ein halber bis ganzer Tag.

Ausrüstung: Bergschuhe, funktionelle Wanderbekleidung, Regenschutz, ausreichend Getränke, evtl. Wanderstöcke.

Die Jaukenalm liegt einsam auf 1934 Meter. Wer hierherkommt, hat die Almlandschaft für sich, denn die Wanderung gilt als Geheimtipp.

Südseite der Gailtaler Alpen. Bewirtschaftet wird die Hütte von Juni bis September, eingekehrt wird allerdings erst nach der Tour. Von der Hütte aus wandert man quer über eine wild blühende Almwiese und dann auf einem schmalen, steinigen Pfad stetig den Osthang bergauf. Mitten im Hang passiert man einen ehemaligen Bleibergwerksstollen, denn der Gebirgsstock der Jauken blickt auf eine lange Bergbaugeschichte zurück. Bis zum Ende des 19. Jahrhunderts wurden hier Kupfer, Eisen und Zink abgebaut.

Oben angekommen, führt der Steig nun nach Süden um den Bergrücken herum – und mit jedem Schritt scheinen die umliegenden Berggipfel näherzurücken. In nordwestlicher Richtung ist bereits das Ziel auszumachen. Vorher geht es noch entlang des Bergrückens, erst geradeaus, dann wieder bergauf. Je höher man kommt, desto imposanter ist das Panorama. Im Norden das Drautal, darüber die Kreuzeck- und Reißeckgruppe, im Westen die Gailtaler Alpen und die Lienzer Dolomiten, gegenüber die schroffe Bergkulisse der Karnischen Alpen.

Der letzte Teil des Weges führt hinauf zum Jaukenstöckel. Je weiter man nach oben kommt, desto stärker bläst der Wind. Der gab dem Bergmassiv übrigens den Namen: »Jauk« ist der Kärntner Ausdruck für den von Süden blasenden Alpenföhn. Die Windböen erschweren vielleicht die letzten Schritte, dann ist das Ziel jedoch erreicht: das auf 2203 Metern liegende Jaukenstöckel!

Zurück gelangt man auf dem gleichen Weg, mit weitaus weniger Höhenmetern, aber mindestens genauso malerischen Ausblicken auf die einsam liegende Jaukenalm, blühende Almwiesen und die umliegenden Berge. Klar ist: Die Jause in der Hütte schmeckt nach der Wanderung besonders gut!

FAZIT: MITTELSCHWERE GIPFELTOUR MIT EINEM TRAUMHAFTEN BERGPANORAMA ZUR BELOHNUNG!

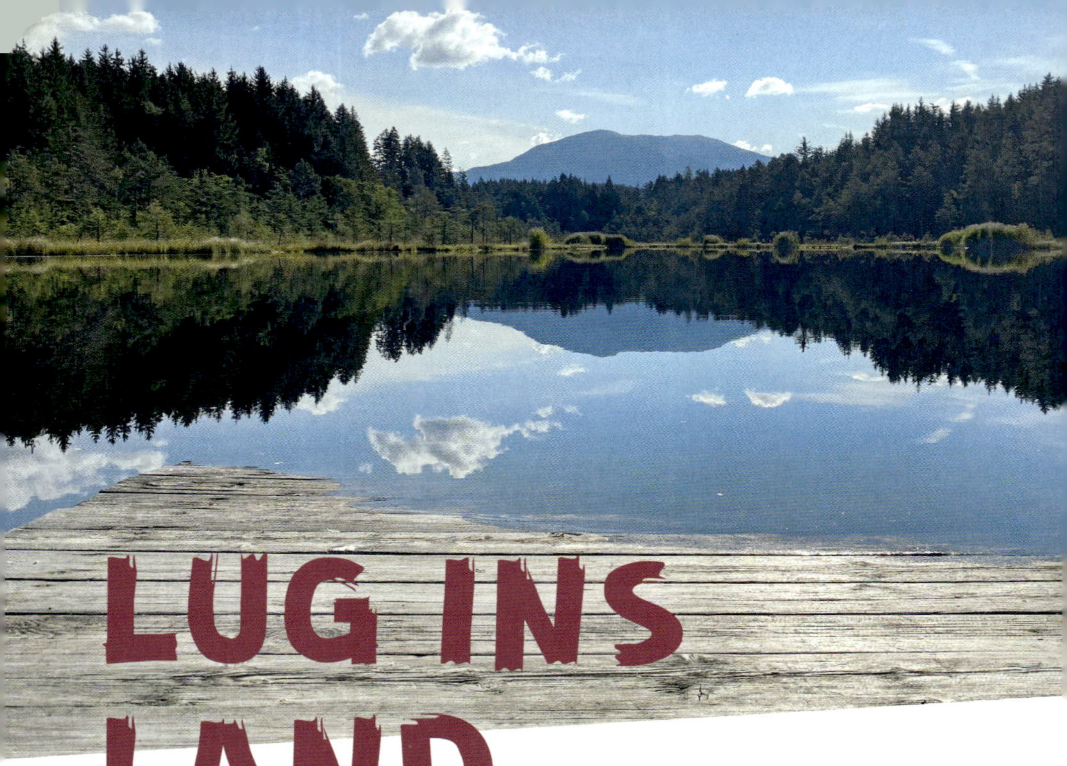

LUG INS LAND

… auf der Via Paradiso

#28

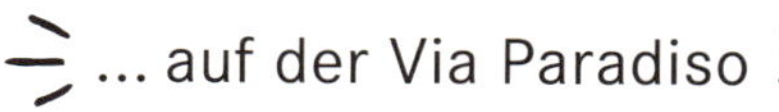

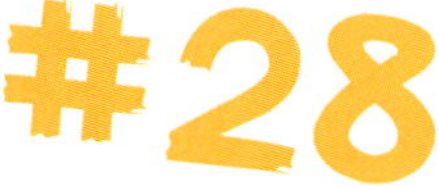

Ein neuer Weitwanderweg am Millstätter See verspricht paradiesische Momente zwischen See und Berg, frei nach dem Motto: Schau ins Land! Die dritte Etappe der Via Paradiso führt zur stillen Seite des Sees und hinauf zum geheimnisvollen Egelsee.

#weitwandern #aussichtsreich #seenah #Moorsee

Das Wasser im Egelsee kann bis zu 25 Grad warm werden.

Früher wurden Türme, insbesondere der höchste einer Burg, aber auch Berge mit guter Aussicht mit dem Ausdruck »Lug ins Land« bezeichnet. Der veraltete Begriff für einen Ausguck mit Weitsicht meint nichts anderes als »Schau ins Land« – und das ist auch das Motto des neuen Weitwanderweges am Millstätter See. Auf der Via Paradiso schaut man tatsächlich ins Land – und erlebt den See von all seinen Seiten. Der Weitwanderweg wurde erst 2021 eröffnet und führt in vier Etappen und auf 55 Kilometern von Döbriach bis zum Sternenbalkon. Die Etappen lassen sich gut einzeln gehen; wer den ganzen Weg erwandern möchte, kann Hotels und Gepäckservice buchen.

Die ersten beiden Etappen führen entlang des Nordufers, zwischen belebten Uferbereichen und barocken Villen, bei der dritten Etappe zeigt der Millstätter See dafür seine ruhige Seite. Wo in den beliebten Badeorten Millstatt oder Döbriach an der Nordseite insbesondere im Sommer viel Trubel herrscht, ist das Südufer unverbaut und unerschlossen.

Startpunkt ist beim Blumenpark in Seeboden an der Westseite vom Millstätter See. Die ersten sechs Kilometer führen fast ausschließlich am Südufer entlang, sowohl auf dem Süduferweg als auch auf teils verwurzelten Waldwegen – stets mit dem See als treuem Begleiter. Die schattigen Abschnitte unter Baumkronen sind an heißen Tagen eine Wohltat, unterwegs

Natur pur: Der Egelsee liegt verborgen hoch über dem Millstätter See und gilt als Geheimtipp der Region.

kann man auch mal ins Wasser hüpfen und wild baden.

Bei der Schiffsanlegestelle der Schlossvilla führt der Weg fort vom See und durch den schattigen Wald hinauf auf den Berg. Nach knapp vier Kilometern ist das Etappenziel mit dem Gasthof Lug ins Land (www.luginsland.at) erreicht, kurz davor wartet aber das Highlight der Tour: ein Abstecher zum Egelsee.

Der kleine Moorsee liegt am Höhenrücken zwischen dem Südufer des Millstätter Sees und dem unterem Drautal und gilt als Geheimtipp mit seiner unberührten Schönheit. Seinen Namen verdankt er nicht nur den Blutegeln, die hier hausen, sondern seinem ursprünglichen Namen »Ecksee«. Das Wasser kann bis zu 25 Grad warm werden und soll gesundheitsfördernd für Haut und Knochen sein.

Gesund ist auch der 15-minütige Abstieg zum Gasthof: Neben dem kurvigen Wanderweg führt ein Kneippwanderweg hinunter. Verschiedene Kneipp-Stationen laden beim Passieren dazu ein, barfuß über Moos, Kies und Tannenzapfen zu spazieren. Körperlich gestärkt geht's dann zur kulinarischen Stärkung: Wie wär's mit einer riesengroßen Portion Kaiserschmarrn? Das paradiesische Panorama ist inkludiert, denn der Bauernhof macht seinem Namen alle Ehre: Man lugt tatsächlich ins Land.

FAZIT: GROSSARTIGE WANDERUNG ZUM GEHEIMTIPP EGELSEE – NACHMACHEN UNBEDINGT ERWÜNSCHT!

Hin & weg: Über die Tauernautobahn (A10) bis zur Ausfahrt Millstätter See und weiter nach Seeboden zum Parkplatz Seezentrum. Mit dem Zug bis zum Bahnhof Spittal-Millstätter See und weiter mit dem Bus 5140 bis zur Haltestelle Seeboden/Hotel Moserhof. Zurück mit dem Nockmobil (www.nockmobil.at).

Beste Zeit: Anfang Mai bis Anfang November.

Dauer & Strecke: Für 10 km und 275 hm benötigt man knapp 3 Std., mit Einkehr und Badestopp entsprechend länger.

Ausrüstung: Wanderschuhe, Badesachen, evtl. Wanderstöcke und Sonnenhut.

DER SONNE ENTGEGEN

… auf dem Panoramaweg in Diex

#29

Am südlichen Abhang der Saualpe schmiegt sich Diex wie gemalt in die Landschaft: Umgeben von saftigen Wiesen und dichten Wäldern verspricht das kleine Bergdorf sonnige Zeiten und grandiose Ausblicke, wenn man es zu Fuß umrundet.

#Rundwanderung #Jauntal #Sonnenplateau #aussichtsreich

Die Gegend rund um Diex ist ein Naturparadies.

Der »Balkon Kärntens«: So wird Diex gerne bezeichnet. In dem kleinen Bergdorf leben gerade mal 800 Menschen, dafür gibt's über 2000 Sonnenstunden. Das macht Diex zur sonnigsten Gemeinde Österreichs. Im Südosten Kärntens gelegen, sorgten die klimatisch günstigen Bedingungen dafür, dass das Gebiet früh besiedelt wurde. Bereits im Jahr 895 findet man Diex erstmals als »mons Diehse« erwähnt.

Wer erahnen möchte, welche Geschichten das Dorf erlebt hat, fängt am besten bei der zweitürmigen Wehrkirche an. Im 15. Jahrhundert wurden mehrere Kirchen an den Hängen der Saualpe zu Wehrkirchen umgebaut. Diese sollten den Bewohnern zur Zeit der Türkenkriege Schutz bieten. Noch heute staunen Besucher in Diex über die fünf Meter hohe Ringmauer, die die Kirche und den Friedhof umgibt.

Den schönsten Blick auf Diex und die zwei prägnanten Kirchtürme des Dorfes erhascht man jedoch, wenn man sich aus dem Dorf entfernt – und den Balkon Kärntens auf dem Panoramaweg betritt. Start ist beim Gemeindeamt in Diex. Los geht's auf einer ebenen Straße in Richtung Haimburgerberg, immer weiter geradeaus und bald sanft ansteigend. Der Weg führt mal durch den Wald, mal durch

Hin & weg: Über die Südautobahn (A2) bis zur Abfahrt Völkermarkt Ost und über die Diexer Landstraße bis zum Parkplatz vor dem Gemeindeamt Diex. Mit dem Zug bis Völkermarkt/Kühnsdorf und weiter mit dem Bus 5430 bis Diex/Dorfplatz.

Beste Zeit: Ende des Sommers, Anfang Herbst.

Dauer & Strecke: Die reine Gehzeit für 12 km und 320 hm beträgt ca. 3,5 Std., mit Pausen und Besuch in der Greißlerei ca. 5 Std.

Ausrüstung: Die drei S – Sonnenhut, Sonnenbrille, Sonnencreme.

Das Kaufhaus Napetschnig wurde erst 2021 neu übernommen. In dem über 100 Jahre alten Gemischtwarenladen gibt es heute auch Kaffee und Cocktails.

Wiesen – und immer eröffnen sich neue Weitblicke. Mit 1159 Metern Höhe liegt Diex exponiert am südlichen Abhang der Saualpe. Je weiter man den Panoramarundweg entlangwandert, umso beeindruckender zeigt sich die Aussicht auf das Jauntal und die entfernten Gipfel der Karawanken und der Steiner Alpen auf slowenischem Boden.

Die Wanderung ist sehr gut ausgeschildert und führt in einem Bogen um den Berghang. Wer will, kann die Strecke abkürzen und in den Wald abbiegen, ehe sie sich weiter nach Grafenbach zieht. Denn durch den Wald führt der Kärntner Mariazellerweg – man kann also ein bisschen Wallfahrtsluft schnuppern. Die Original-Route verläuft stattdessen sanft hinauf nach Grafenbach. Auch hier thront eine Wehrkirche mitten im kleinen Ort. Von Grafenbach geht's dann nur noch bergab. Einfach auf der Asphaltstraße bleiben: Diese führt wieder direkt vor die zwei Kirchtürme von Diex und wenige Schritte weiter zum Gemeindeamt.

Bevor der Heimweg ansteht, lohnt sich ein Besuch im Kaufhaus Napetschnig, das seit einer Neuübernahme 2021 als Die Greißlerei in Diex (www.facebook.com/greisslereidiex) geführt wird. Der Gemischtwarenladen hat eine 100-jährige Tradition, aber ab sofort auch den gewissen Twist: Neben regionalen Spezialitäten gibt's unverpackte Waren, Kaffee, Cocktails und vegane Kuchen.

FAZIT: AUSSICHTSREICHE UND EINFACHE WANDERUNG RUND UM DAS SONNIGSTE BERGDORF ÖSTERREICHS!

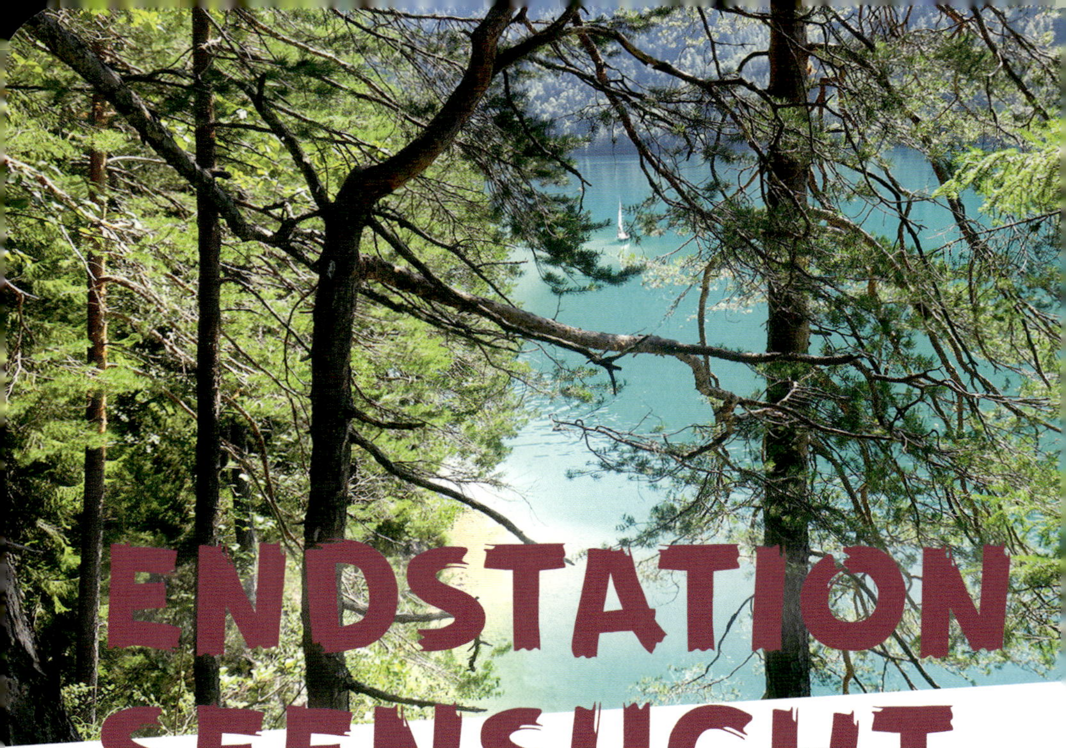

ENDSTATION SEENSUCHT

... am Weißensee

#30

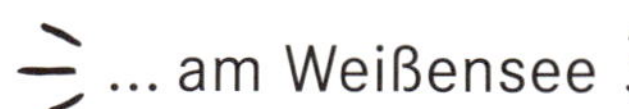

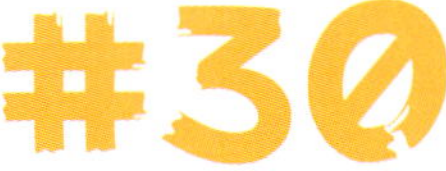

Türkises Wasser wie in der Karibik, eine Fjordlandschaft wie in Norwegen: Zwischen den Gipfeln der Gailtaler Alpen liegt der Weißensee umgeben von dichten Wäldern und üppigem Schilf. Seine schönste Seite zeigt der See dort, wohin man nur zu Fuß kommt: auf dem Slow Trail entlang des Nordufers.

#KärntensKaribik #SlowTrail #Alpensee #wandernamWasser

Die schönste Seite vom Weißensee zeigt sich auf dem Slow Trail am Nordufer.

Der Weißensee ist der höchstgelegene Badesee Österreichs. Mehr Rekorde hat der See allerdings nicht nötig, denn statt um Superlative geht es um Slow Tourismus. Und dabei dreht sich alles einfach mal nur um die Natur. Deshalb wurde die Region 1995 mit dem Europäischen Preis für Tourismus und Umwelt ausgezeichnet.

Zwei Drittel des auf einer Höhe von 930 Metern gelegenen Ufers sind unverbaut, es gibt keine Straße rund um den See. Endstation für Autos ist in Neusach. Von dort geht's zu Fuß entlang des Nordufers, wo sich die Schönheit des Weißensees in voller Pracht zeigt. Der Weg folgt dem Wasser, erst auf Asphalt, dann auf Waldwegen. Nach 20 Minuten ist der Ronacherfels erreicht, der offizielle Startpunkt des Slow Trails. Im gleichnamigen Gasthaus (www.ronacherfels.at) kann man einkehren und direkt am Wasser sitzen, ehe man weiterwandert. In Bewegung war man am Weißensee übrigens schon immer. Als um 1600 Protestanten im Habsburgerreich verfolgt wurden, startete eine Fluchtwelle. Einige kamen an den Weißensee. Aufgrund der Abgeschiedenheit konnte sich eine protestantische Bevölkerung halten. Bis zum Toleranzpatent aus dem Jahre 1781 spielte der Geheimprotestantismus eine Rolle – und noch heute leben hier rund 70 % Protestanten.

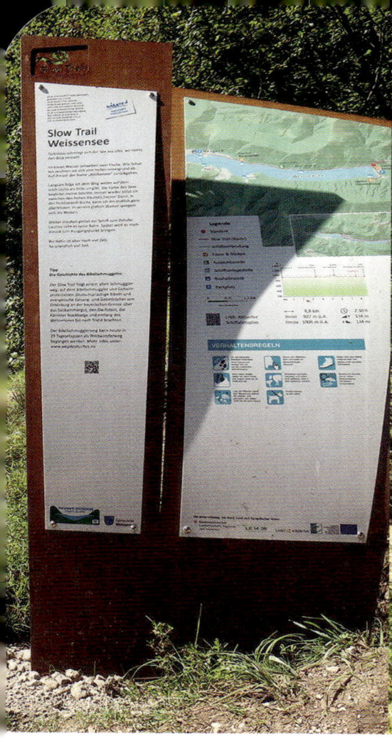

Weiter geht's auf einem ebenen Wanderweg, vorbei an versteckten Buchten, in denen man wild baden kann. Erst an der kleinen Steilwand verändert sich der Weg. Er führt rauf auf eine Felswand, die sich über dem Wasser erhebt. Nun wird der Weg schmäler und teilweise unwegsamer, führt über Felsen und Wurzeln einige Höhenmeter hinauf. Bis man

Ab der kleinen Steilwand wird der Weg anspruchsvoller und führt über Felsen und Wurzeln hoch über den See.

schließlich hoch über dem Wasser zwischen Baumwipfeln wandert, immer mit grandiosen Ausblicken auf den See. Je weiter man ostwärts kommt, desto imposanter öffnet sich der Fjord, langgezogen und tief eingebettet zwischen den Gipfeln der Gailtaler Alpen.

Hin & weg: Über die Drautalstraße (B100/E66) bis Greifenburg-Weißensee und weiter nach Neusach/Umkehrschleife. Hier gibt's einen gebührenpflichtigen Parkplatz. Mit dem Zug bis zum Bahnhof Greifenburg-Weißensee und weiter mit dem Bahnhofsshuttle.

Beste Zeit: Ende des Sommers, wenn die Touristen abreisen, man aber noch baden kann.

Dauer & Strecke: 2,5 Std. reine Wanderzeit für 8,5 km. Mit Badestopp, Einkehr und Schifffahrt ein ganzer Tag.

Ausrüstung: Feste Schuhe, Sonnenschutz, Wasserflasche, Badesachen und Handtuch.

Am Ostufer erreicht man das Ende der Wanderung. Wer will, spaziert zu Fuß zurück, spannender ist aber die Rückfahrt mit dem Schiff. Bereits unterwegs gibt's zwei Schiffsanlegestellen (Ronacherfels und Steilwand), das schönste Finale der Tour ist jedoch die kurze Wanderung um die Bucht und die Einkehr im Gasthof Dolomitenblick, wo direkt am Steg das Schiff der Weißensee Schifffahrt ablegt.

Hier findet sich dann doch noch ein Superlativ: Auf dem Weißensee fährt Österreichs erstes Elektro-Hybrid-Schiff.

FAZIT: HAUTNAH AM SEE UNTERWEGS – MIT DER PERFEKTEN MISCHUNG AUS WASSER, WANDERN UND WILD BADEN.

KÄRNTENS KNACKIGSTE KURVEN

... auf der Großglockner Hochalpenstraße

Wer dem höchsten Berg Österreichs auf Augenhöhe begegnen will, muss 36 spektakuläre Kehren überwinden. Die Großglocker Hochalpenstraße ist die höchstgelegene befestigte Passstraße in Österreich und verbindet Salzburg und Kärnten. Ein Roadtrip, der atemberaubende Ausblicke und sprachloses Staunen garantiert.

#NationalparkHoheTauern #Roadtrip #Highlights #Bucketlist

Spektakulärer Ausblick auf Gletscher und Großglockner

Schon die Kelten und Römer waren auf der Passstraße unterwegs, um Handel zu treiben, später waren es die Habsburger, die ihre Spuren hinterließen. Als Franz Joseph I. 1856 im Alter von 26 Jahren die Pasterze (den Gletscher am Großglockner) sehen wollte, wanderte er von Heiligenblut vier Stunden lang die 1100 Höhenmeter hinauf, später entdeckte er das Gebiet für sich zum Jagen. 1908 wurde von Heiligenblut zum Glocknerhaus ein Fahrweg gebaut, die Kaiserin-Elisabeth-Straße, aus der später ein Teil der Großglocknerstraße wurde. Es dauerte aber noch bis 1930 und benötigte fünf Jahre Bauzeit, bis die Großglockner Hochalpenstraße fertig gestellt wurde, die Heiligenblut in Kärnten mit Bruck an der Großglocknerstraße in Salzburg verbindet.

Blühende Wiesen, Schnee auf den Berggipfeln - und dazwischen die Kurven der Hochalpenstraße.

Wer heute Kärntens knackigste Kurven nach oben cruist, begegnet dem Kaiser erneut auf der Franz-Josefs-Höhe: Auf der Aussichtsplattform auf 2369 Metern Höhe hat man einen atemberaubenden Blick auf Großglockner, Glocknerwand und die acht Kilometer lange Pasterze. Leider hat die Letztgenannte wegen der voranschreitenden Erderwämung einiges an Länge eingebüßt. Seit 1856 ist ihre Fläche von damals über 30 km² um beinahe die Hälfte geschrumpft.

Wer will, wandert hinunter oder fährt mit der Standseilbahn zu der Stelle, an der sich zur Zeit der Inbetriebnahme der Gletscherrand befand. Heute ist die Pasterze so weit abgeschmolzen, dass zusätzlich eine 300 Meter lange Treppe zur Gletscherzunge führt. Ein Highlight ist die kurze Wanderung hinauf zur Wilhelm-Swarovski-Beobachungswarte. Hier kann man mithilfe von optischen Geräten in die Ferne zoomen und sowohl Bergsteiger auf dem Gipfel als auch Steinböcke und Murmeltiere in freier Wildbahn bestaunen. Insbesondere die »Murmele« sind beliebt und vielerorts so zahm, dass sie sich sogar aus der Nähe bewundern lassen. Ihr putziges Pfeifen ist gut zu hören, wenn man im Panoramarestaurant Kaiser Franz-Josefs-Höhe (www.grossglockner.co.at) sitzt, wo einst auch der Kaiser rastete.

Einkehrmöglichkeiten entlang der Großglockner Hochalpenstraße gibt's viele, allerdings geht es auf der Franz-Josefs-Höhe eher tou-

---

Hin & weg: Über die Mölltalstraße (B106) und die Großglocknerstraße (B107) nach Heiligenblut und auf die Großglocker Hochalpenstraße (mautpflichtig). Mit dem Zug bis Lienz in Osttirol, mit dem Bus 942 nach Winklern im Mölltal und dem Bus 5108 nach Heiligenblut. An der Haltestelle Hotel Heiligenblut fahren Busse auf die Franz-Josefs-Höhe ab.

Beste Zeit: Juni–September; wer unter der Woche und vor 10 Uhr ankommt, vermeidet Touristenmassen und Reisebusse.

Dauer & Strecke: Die Glockner Hochalpenstraße hat in ihrem Gesamtverlauf eine Länge von 48 km mit 36 Kehren. Die Fahrzeit ist individuell und hängt von Route, Pausen und Fotostopps ab, man sollte aber mindestens einen halben Tag einplanen. Eine kürzere Variante wäre von Heiligenblut auf die Franz-Josefs-Höhe; länger wird der Roadtrip bei der Fahrt nach Fusch auf der Salzburger Seite.

Ausrüstung: Rutschfeste Schuhe, wetterfeste Kleidung, Kamera.

Die Franz-Josefs-Höhe ist der Treffpunkt auf der Kärntner Seite der Großglockner Hochalpenstraße.

ristisch zu. Eine authentische Pause legt man in der höchstgelegenen Sennerei des Nationalparks Hohe Tauern ein: Die Glockner Sennerei Knapp Kasa betreibt eine kleine Bio-Landwirtschaft in Heiligenblut, auf der Alm grasen ein Dutzend Kühe, deren Milch zu Butter, Topfen (Quark), Almjoghurt, Almrahm, Glundner Kas und Almkäse verarbeitet wird. Gekocht wird regional, am liebsten mit den Produkten von 30 bäuerlichen Produzenten, den »Glockner Bauern«. Mit der Aussicht auf Kärntens knackigste Kurven schmeckt es gleich doppelt so gut.

FAZIT: SPEKTAKULÄRER ROADTRIP UND DEFINITIV EINE UNVERGESSLICHE ONCE-IN-A-LIFETIME-ERFAHRUNG!

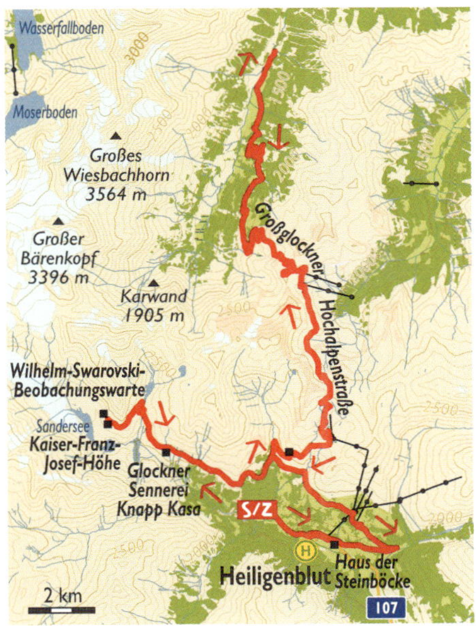

LOST PLACES

... auf dem Gravelbike vom Wörthersee ins Rosental

Zwei Reifen, eine Mission: Die abenteuerlichste Fahrradtour macht man in Kärnten dort, wo sonst niemand ist. Auf dem Gravelbike geht's querfeldein ins Gelände und hin zu vergessenen Orten – von der verfallenen Wörtherseevilla bis zur Fliegerbombe aus dem Zweiten Weltkrieg.

#geländegängigesRad #fototauglich #Insidertipps #strenggeheim

Ein vergessener Bunker in Krumpendorf am Wörthersee.

Früher sagte man Querfeldein-Rad, heute heißt es Gravelbike, was übersetzt so viel wie »Schotter-Rad« heißt. Dabei handelt es sich um geländegängige Fahrräder, die die Vorzüge des Rennradfahrens mit der Geländetauglichkeit des Mountainbikes kombinieren. Durch eine breitere und stärkere Bereifung werden der Aktionsradius erweitert und unterschiedlichste Untergründe befahrbar. Kein Wunder, dass der Trend mit einem weiteren verknüpft wurde: Die Fahrrad-Community Kärntens saust nicht ziellos durchs Land, sondern spürt vergessene Orte auf. Lost Places boomen – auch in Kärnten.

Start ist beim Kurpark in Velden, vorbei am Schloss Rosegg und entlang der Drau zum ersten Lost Place: Die Brechelgrube in Sala bei Feistritz/Rosental erinnert an die einst in der Gegend florierende Produktion von Flachs. In einem in den Boden gemauerten Ofen wurden früher Flachsstängel durch

Hitze »vorbehandelt« und die daraus entstandenen Flachsfasern zu Leinen weiterverarbeitet. Heiß wird's auch beim nächsten Stück, denn nun geht es fast 400 Höhenmeter hinauf auf den Rabenberg. Oben wartet eine Fliegerbombe aus dem Jahr 1944, die Teil eines sogenannten Notabwurfes war. Ein amerikanischer Bomber musste damals überschüssigen Ballast loswerden und warf zwei bis drei Bomben ab. Eine explodierte nicht – und erinnert bis heute an das Ereignis von einst.

Lost Places in Kärnten: eine vergessene Fliegerbombe und ein verfallenes Hotel.

Nach einer rasanten Abwärtsfahrt kommt man durch die Büchsenmacher-Stadt Ferlach und zurück zur Drau. Bei Glainach führt die Strecke am Pestkreuz vorbei: Als 1680 in der Region die Pest wütete, wurde der damalige Friedhof zu klein und es wurden zusätzliche Begräbnisstätten angelegt; heute steht das Pestkreuz auf einem verschwundenen Friedhof. Nach dem Wechsel ans Nordufer der Drau geht es hoch auf den Radsberg, runter ins Klagenfurter Becken und entlang der Glanfurt an den Wörthersee, wo die letzten Lost Places lauern: Das verfallene Hotel Wörthersee am Friedelstrand war früher ein Musterbeispiel für die Wörthersee-Architektur, heute steht das Haus leer. Ende 2021 kam es zu einem Brand, die Zukunft des Gebäudes ist ungewiss. An der Westeinfahrt von Klagenfurt thront der Schrotturm. 1824 errichtet, steht der Turm seit Jahren leer und verfällt immer mehr. Auf dem letzten Kilometer streift man in Krumpendorf einen versteckten und vergessenen Ort: In der Waldarena Krumpendorf gibt's auf der Bühne eine eiserne Tür, die zu einem Bunker aus dem Zweiten Weltkrieg führt. Ursprünglich wollte die deutsche Wehrmacht eine »seemännische Unteroffiziersvorschule« errichten, stellte aber nur die dazugehörigen Luftschutzstollen fertig.

Die Belohnung für die Tour holt man sich im Thalerium (www.thalerium.at), wo ein österreichisch-asiatisches Paar aufkocht: Kärntner Jause mit Produkten von Bauern genauso wie thailändische Spezialitäten.

Hin & weg: Über die Südautobahn (A2) oder mit dem Zug bis Velden am Wörthersee. Parken z. B. vor dem Eissportzentrum Velden oder der Tennishalle Velden.

Beste Zeit: Frühling–Herbst.

Dauer & Strecke: Für ca. 100 km und 1166 hm benötigt man ca. 9 Std. Wer die Tour abkürzen will, hat zwei gute Ausstiegsmöglichkeiten mit Anschluss zum S-Bahn-Netz (Fahrradmitnahme erlaubt): Nach knapp 40 km in Wetzelsdorf und nach 75 km in Klagenfurt. Wichtig: Gravelbiketouren führen teilweise über unbefestigten Untergrund oder Schotterfahrbahnen und sind daher nur für sehr geübte Fahrer geeignet. Infos auf gravel.woerthersee.com.

Ausrüstung: Tourentaugliche Radausrüstung und Bekleidung, Taschenlampe bzw. Radbeleuchtung, ausreichend Wasser und Proviant.

FAZIT: AUßERGEWÖHNLICHE TOUR ZU AUßERGEWÖHNLICHEN ORTEN – EIN SPORTLICHES HIGHLIGHT FÜR GEÜBTE FAHRER!

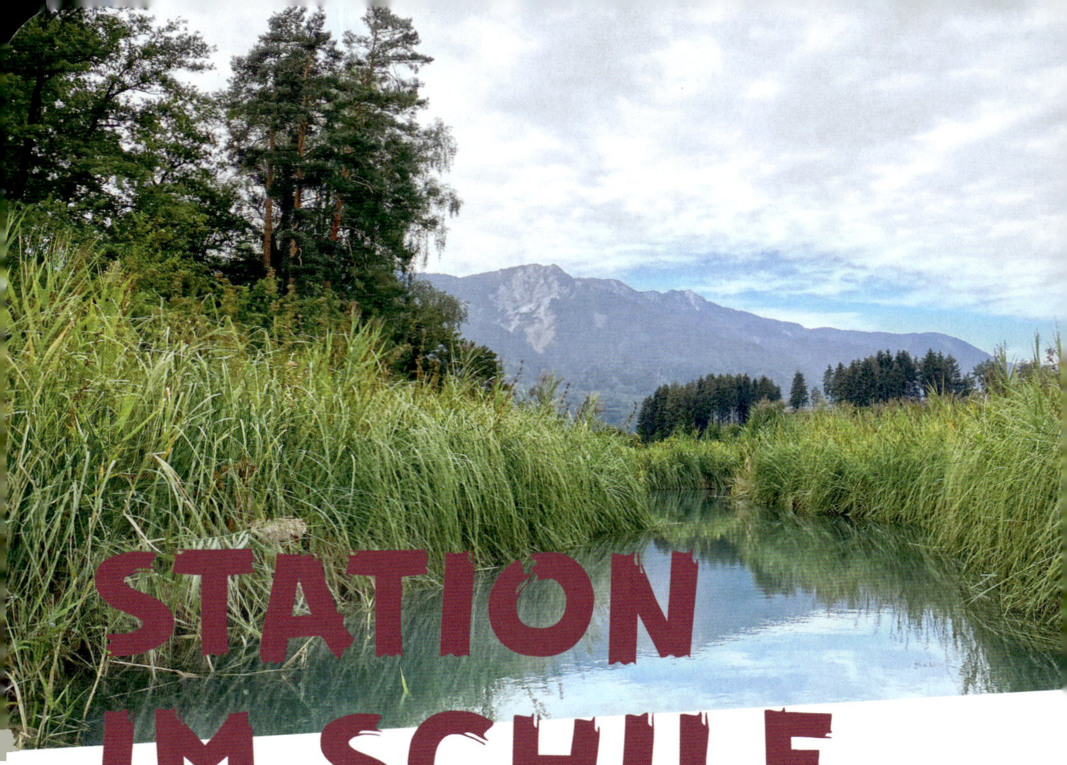

STATION IM SCHILF

... am Faaker See

#33

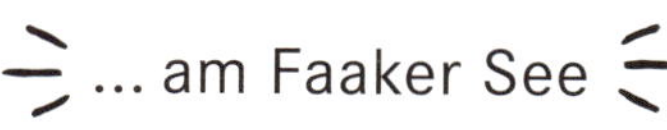

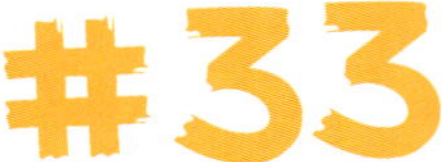

Mit seinen Verzweigungen und Gabelungen ist der Schilfmäander das am besten gehütete Geheimnis am Faaker See. Zwischen Schilf und Seerosen führt der mystisch anmutende Wasserweg durch die geheimnisvollen Everglades Kärntens.

#Kanutour #Wasserspaß #paddeln #Entschleunigung

Wer paddelt, gleitet sanft durch den Schilfmäander am Faaker See.

Klitzekleine Kalkteilchen sind schuld daran, dass der Faaker See in einem einzigartigen Türkis leuchtet. Der fünftgrößte See Kärntens ist wegen seiner Farbe auch als »Kärntens Südsee« bekannt. Zu verdanken ist das der Worounitza. Der Fluss entspringt unter dem Mittagskogel und führt dem See von den nahe gelegenen Karawanken feinste Kalkpartikel zu, die bei entsprechendem Lichteinfall das einmalige Türkis reflektieren. Es ist aber nicht die Farbe, die das größte Geheimnis des Faaker Sees birgt, sondern sein Schilfgürtel. Über circa 1,5 Kilometer mäandert der Abfluss des Sees zwischen Schilf, Wasserpflanzen und Seerosen. Die Everglades von Faak beherbergen eine besondere Naturwelt. Hierher kommt nur, wer mit dem Kanu unterwegs ist.

Start ist an der Ostseite des Sees beim Strandbad Egg. Das Kanu gleitet sanft ins Wasser und nimmt langsam Fahrt auf. In einem Bogen paddelt man um die Faaker-See-Insel, die mit ihrer Größe von nur etwa acht Hektar eine weitere Besonderheit ist: Hier steht das einzige Inselhotel Österreichs mit einem historischen Badehaus. Fast in Zeitlupe nähert man sich schließlich mit jedem Paddelschlag dem ruhigsten und einsamsten Platz des Sees. Es dauert nur noch wenige Minuten, bis der Schilfmäander erreicht ist. Im Wasser spiegelt sich das Massiv des Mittagskogels, dem Hausberg vom Faaker See. Er ist auch der Grenzberg zwischen Slowenien und Kärnten und mit 2145 Metern der

Hin & weg: Über die Südautobahn (A2) und die Karawankenautobahn (A11) bis zur Ausfahrt St. Niklas an der Drau, weiter über die Seeblickstraße (B84) und die Egger Seeuferstraße bis zum Kajakcenter Faak in Neuegg am Faaker See. Mit dem Zug bis Föderlach Bahnhof und weiter mit dem Bus 5194 bis zur Haltestelle Neuegg/Faaker See Seeuferstraße.

Beste Zeit: Frühling–Herbst. Wer morgens startet, kann die Everglades in völliger Einsamkeit erleben.

Dauer & Strecke: Ca. 8 km und 2,5 Std. nur auf dem Wasser, mit Badestopp mindestens ein halber Tag.

Ausrüstung: Sportoutfit, Badesachen, evtl. Wasserschutz für Handy und Kamera. Kanu-Verleih und -Touren im Kajakcenter Faak (www.kajak-faak.com).

Nach dem Paddeln lohnt sich ein Stopp im Marktcafé der Finkensteiner Nudelfabrik.

höchste Gipfel in den westlichen Karawanken. Mit einem Mal wird der Eingang zum Schilfgürtel sichtbar: eine schmale Wasserstraße, umgeben von hohem Schilf. Plötzlich scheint die Zeit stehen zu bleiben. Jedes Geräusch von außen verstummt, einzig das Plätschern des Wassers, wenn ein Ruder die Oberfläche durchbricht, erklingt.

Das Paddeln und Gleiten über das Wasser wird zum magischen Mantra, wenn man auf den verschlungenen Kanälen des Schilfmäanders über mehrere Verzweigungen und Gabelungen bis zum Dorfteich in Faak zu schweben scheint. Hier kommt man wie aus einem Traum in der realen Welt an. Wie gut, dass der Weg zurück nochmal durch die Schilfidylle führt!

Auf dem Heimweg lohnt sich ein Stopp im ersten und einzigen bio-zertifizierten Zitrusgarten Österreichs (www.zitrusgarten.at). Michael Ceron züchtet über 280 Arten von Zitrusgewächsen. Für alle, die mit dem Auto anreisen, ist nicht weit entfernt die Finkensteiner Nudelfabrik (www.finkensteiner.at) eine Top-Adresse, um sich nach dem Paddeln zu stärken. Seit über 130 Jahren werden hier Kärntner Pasta-Kreationen hergestellt, mittlerweile gibt's mehr als 90 Nudelsorten.

Tipp: Im Marktcafé steht manchmal Pasta mit Zitronenpesto auf der Karte – hergestellt aus den Zitronen von Michael Ceron. Wer will, kann hier regionale Produkte aus Kärnten einkaufen.

FAZIT: EINE DER TRAUMHAFTESTEN KANUTOUREN KÄRNTENS – MAGISCHES FLAIR IST GARANTIERT!

ZUM URSPRUNG DER QUELLE

... auf dem Preblauer Paracelsusweg

Preblau hat eine lange Geschichte als Nobelkurort. Gäste aus allen Teilen der Monarchie reisten an, um die gesundheitliche Wirkung des Preblauer Wassers zu genießen. Mit dem Ende der Donaumonarchie fiel der Ort in einen Dornröschenschlaf. Heute wandert man sprichwörtlich zum Ursprung der Quelle.

#Rundwanderung #Geschichte #Mineralwasser #naturnah

»Im Lavanttal im Herzogtum Kärnten sind zahlreiche Sauerbrunnen mit trefflichen arzneiischen Kräften begabet, von welchen Kräften zu schreiben, ich mir vorgenommen«, notierte einst Theophrastus Bombast von Hohenheim. Besser bekannt unter dem Namen Paracelsus, verbrachte der Schweizer Arzt und Naturforscher mehrere Jahre in Kärnten. Insbesondere im Lavanttal untersuchte er zahlreiche Quellen, um die Ursachen ihrer heilsamen Wirkung zu ergründen. Besonders angetan hatte es ihm das Preblauer Heil- und Mineralwasser. Kein Wunder, dass heute eine Quellenwanderung nach ihm benannt ist.

Der Preblauer Paracelsusweg führt in einer Rundwanderung von Bad St. Leonhard nach Preblau. Das »saure Wasser« entspringt in drei

Das Brunnen-Gasthaus in Preblau ist ein Lost Place. Schon lange gibt es Pläne für eine Wiederbelebung.

Quellen im Glimmerschiefergestein im Bereich der Saualpe und kommt mit quelleigener Kohlensäure an die Oberfläche. Vor 1000 Jahren wurde es von den Bischöfen von Bamberg erstmals urkundlich erwähnt, allerdings belegen Münzfunde, dass bereits die Römer und Kelten die Preblauer Quellen kannten. Durch Paracelsus, der zwischen 1538 und 1540 im Lavanttal war, wurden schließlich auch andere Ärzte auf das Preblauer Wasser aufmerksam.

Start ist im Zentrum von Bad St. Leonhard, beim Paracelsushaus in der Postgasse. Die Route führt durch die Herrengasse und leicht bergab über den Weihbrunnweg zur Lavant und an den südlichen Stadtrand. Ab hier lässt man Stadt und Straßen hinter sich und folgt dem Weg hinauf durch eine ruhige Waldlandschaft. Zwischendurch quert man die Hofbauersiedlung und den Klieningbach und geht stetig ansteigend nach Preblau – zum Ursprung der Quelle. Hier befindet sich die Preblauer Heil- und Mineralwasser GmbH.

Wo heute Stille herrscht, entwickelte sich ab 1900 ein reger Kurbetrieb. Die Blütezeit erlebte

---

Hin & weg: Über die Südautobahn (A2) bis zur Abfahrt Bad St. Leonhard, weiter ins Zentrum zum Hauptplatz und dem Startpunkt in der Postgasse. Mit dem Zug bis zum Bahnhof St. Andrä im Lavanttal, weiter mit dem Bus 5484 bis zur Haltestelle Bad St. Leonhard Hauptplatz.

Beste Zeit: Frühling–Herbst.

Dauer & Strecke: Für 14 km und 290 hm benötigt man ca. 4 Std, mit Mehlspeisen-Pause länger.

Ausrüstung: Wanderschuhe, Wasserflasche, Snacks, evtl. Wanderstöcke.

Preblau liegt mitten in einem Waldgebiet. Hier gibt es lediglich die Mineralwasserfabrik und ein verfallenes Gasthaus.

Preblau zur Zeit der Donaumonarchie: Im Jahr 1894 wurden eine Million Flaschen in alle Länder der Habsburger-Monarchie verschickt. Als 1900 die Bahnlinie Zeltweg–Wolfsberg eröffnet wurde, erlebte Preblau einen Boom als Nobelkurort, zumindest bis 1918. Mit dem Ende der Donaumonarchie blieben die Gäste aus und die Kurhäuser begannen zu verfallen. Heute stehen die historischen Kurhäuser und sogar eine kleine Kirche fast versteckt unter dichten Baumkronen und erinnern an die ruhmreichen Zeiten von früher.

Zurück gelangt man über eine Lichtung mit tollem Blick auf Bad St. Leonhard, ehe der Wanderweg in den Wald und zur Mondscheinsiedlung führt. Es geht nur noch bergab, vorbei am ehemaligen Bahnhof Preblau-Sauerbrunn, wo einst täglich ein Fiaker auf die Kurgäste wartete. In nördlicher Richtung wandert man zurück nach Bad St. Leonhard und direkt in die Café-Konditorei Prisse (www.facebook.com/cafekonditoreiprisse): Hier gibt's die besten Mehlspeisen der Stadt, die täglich frisch gebacken werden – und natürlich ein Glas prickelndes Preblauer Mineralwasser.

FAZIT: EHER UNBEKANNTE WANDERUNG MIT VIEL GESCHICHTE UND EINEM PRICKELNDEN SCHLUCK MONARCHIE.

SLOW FOOD WALK

… von Kötschach-Mauthen bis St. Daniel

Lange bevor der Begriff Slow Food kreiert wurde, kamen im Gailtal schon ursprüngliche Lebensmittel aus lokaler, nachhaltiger und fairer Produktion auf den Tisch. Heute ist die Grenzregion im Süden die weltweit erste Slow-Food-Traveldestination. Wer will, lernt die Lebensmittelhandwerker kennen.

#Nachhaltigkeit #Traditionen #gesund #gschmackig #genussvoll

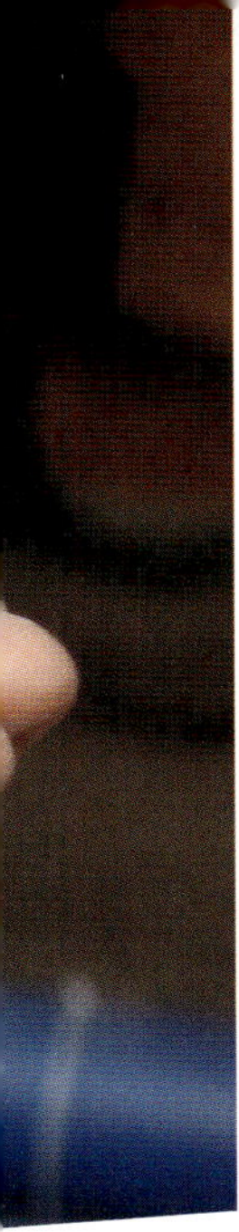

Seit 1902 wird das Brot der Bäckerei Matitz in Kötschach nach demselben Rezept gebacken.

Brot backen, Bier brauen, Käse produzieren: Kommt man in Kötschach-Mauthen an, trifft man sofort auf Traditionen. Die sind hier seit jeher wichtig; seit wenigen Jahren werden sie durch Slow Food Kärnten aber noch mehr in den Mittelpunkt gerückt. Der Zusammenschluss von Partnern, die sich einer gesunden Esskultur verschrieben haben, setzt sich ein für die handwerkliche Herstellung bester Lebensmittel und die Verwendung regionaler Produkte.

Start des Slow-Food-Spaziergangs ist in Kötschach bei der Bäckerei Matitz (www.baeckereimatitz.at). 1902 wurde hier das erste Brot mit Natursauerteig gebacken, heute lässt Thomas Matitz die Arbeit seines Urgroßvaters aufleben und backt das berühmte Brot und andere Natursauerteigköstlichkeiten. Um die Ecke werkt Herwig Ertl in seiner Genussgreisslerei (www.herwig-ertl.at). Er gründete 2015 das Convivium Slow Food Alpe Adria, um Slow Food bekannter zu machen. In seinem Geschäft verkauft er Produkte aus dem Lesachtal, Gailtal und vom Weißensee sowie Spezialitäten aus der Alpe-Adria-Region.

Wenige Schritte weiter duftet es bei Amblini (www.ambilini.at) nach Kaffee. Helmut und Christian Thurner rösten drei bis vier Tonnen Bohnen pro Jahr, der Kaffee ist bio-zertifiziert. Um Getränke dreht sich auch alles in der Loncium-Brauerei (www.loncium.at) mit Bierhotel und Restaurant. Alois Planner und Karl Feistritzer gründeten die Biermanufaktur, der

In Würmlach kultiviert der Landmaisbauer Sepp Brandstätter den Gailtaler weißen Landmais, der kurz davor war, auszusterben.

Name Loncium ist die altkeltische Bezeichnung des Ortsteils Mauthen. Für die Biere werden Bio-Malze und Bio-Hopfen verwendet, die meisten sind mit dem Bio-Siegel versehen.

Von der Brauerei spaziert man in südliche Richtung, vorbei am idyllischen Waldbad und rein in den Wald. Der Weg führt entlang des Valentinbachs in den Nachbarort Würmlach. Hier kultiviert der Landmaisbauer Sepp Brandstätter den Gailtaler weißen Landmais (www.landmais.com): Diese über Jahrhunderte unverändert gebliebene Maissorte stand kurz davor, auszusterben. Sepp Brandstätter hat sie neu kultiviert und macht daraus Mehl, Polenta und weitere Schmankerln.

Weiter geht es in Richtung Norden, erst durch den Ort, bis zur Gail und entlang des Wassers nach St. Daniel, dem »Basislager« der Slow-Food-Travel-Bewegung. Im Gasthof Grünwald (www.gruenwald.dellach.at) füllt Ingeborg Daberer das Kärntner Nationalgericht: Die Kärntner Nudln gibt's hier mit 20 unterschiedlichen Füllungen, pro Jahr entstehen rund 50 000 Stück. Nicht weit entfernt führen die Geschwister Marianne und Christian Daberer das Biohotel Daberer (www.biohotel-daberer.at), umgeben von Wald und Wiesen und mit hohem Anspruch: Alles ist bio, regional und saisonal. Der letzte Weg führt hinauf zum Biokäsehof Zankl. Seit mehr als 30 Jahren wird hier Bio-Käse in unterschiedlichen Reifegraden hergestellt.

FAZIT: EINE GENUSSREGION MIT GUTEM GEWISSEN – ABSOLUT SEHENSWERT!

Hin & weg: Über die Südautobahn (A2) bis Hermagor und auf der B111 bis Kötschach-Mauthen. Mit dem Zug bis Oberdrauburg und mit dem Bus 5052 nach Kötschach-Mauthen Ortsmitte. Die Buslinie 5058 fährt zwischen St. Daniel und Kötschach-Mauthen.

Beste Zeit: Im Sommer, wenn die Lebensmittelhandwerker ihre Türen für Besucher öffnen (www.slowfood.travel).

Dauer & Strecke: Ca. 3,5 Std. für 13,5 km und 180 hm, mit Pausen bei den Produzenten ein Tag.

Ausrüstung: Viel Appetit, Neugier und Rucksack für Lebensmitteleinkäufe.

WO DER BARTL DEN MOST HOLT

... auf dem Granitztaler Mostwanderweg

Zwischen Hügeln, Wäldern und Wiesen liegt im östlichen Teil des Bundeslandes die Obstkammer Kärntens. Streuobstwiesen prägen die liebliche Landschaft im Lavanttal. Wer will, wandert auf den Spuren der Mosterzeugung durch das Granitztal und versucht sich selbst bei der Apfelernte.

#Apfelernte #Streuobstwiesen #Kulinarik #Naturpur

Das Lavanttal ist berühmt für seinen Apfelanbau.

»Wo von der Alpenluft umweht, Pomonens schönster Tempel steht, wo sich durch Ufer, reich umblüht, der Lavant Welle rauschend zieht ...«: Die dritte Strophe der Kärntner Landeshymne widmet sich dem Lavanttal und dem, was hier wächst. Pomona war die römische Göttin der Baumfrüchte. Ihr Name leitet sich von dem lateinischen Wort *pomum* ab, was so viel wie »Baumfrucht« oder »Obstfrucht« bedeutet. Kein Wunder: Seit jeher ist das Lavanttal eng mit dem Obstbau verbunden. Seit dem frühen Mittelalter werden Äpfel und Birnen zur Herstellung von Obstwein verwendet.

Heute prägen Streuobstwiesen entlang der Wege und Straßen die Landschaft im Lavanttal, im Frühling mit vollen Blüten, im Herbst

Wer will, kann im Granitztal bei der Buschenschank Lipitz selber Äpfel ernten.

mit üppigen Früchten. Vor allem das Granitztal – gelegen zwischen Griffen und St. Paul und im Süden begrenzt durch die St. Pauler Berge – ist bekannt für seine Obst- und Mosterzeugung. Wer den Geschmack der Lavanttaler »Mostbarkeiten« kennenlernen will, sollte den Granitztaler Mostwanderweg gehen.

Der beginnt beim Bahnhof Granitztal. Die ersten anderthalb Kilometer führen leicht bergauf, über einen Feldweg erreicht man die Schreiber Höhe und wandert bis zum Grutscher Kreuz. Weiter geht's nach Windisch Grutschen, wo der erste Most im Gasthaus Kollmann (www.gasthaus-kollmann.at) wartet. Einst galt das Gasthaus als Grenzstation zwischen den »Windischen« (den Slowenen) und den Deutschen (den Kärntnern). Die Route führt nun erst bergab, dann wieder bergauf zum Weiberwinkel

Hin & weg: Über die Südautobahn (A2) bis zur Abfahrt St. Andrä im Lavanttal, über die St. Pauler Landesstraße südlich nach St. Paul und weiter in das Granitztal bis zum Bahnhof Granitztal. Mit dem Zug bis zum Bahnhof Granitztal oder mit dem regionalen Fahrdienst LAVanttal ISTmobil (www.istmobil.at/istmobil-regionen/lavanttal-istmobil).

Beste Zeit: April–Oktober. Am schönsten ist es im Herbst, wenn die Streuobstwiesen voller Früchte hängen.

Dauer & Strecke: Für 14 km und 345 hm benötigt man knapp 5 Std., mit Apfelernte und Buschenschank-Besuch einen ganzen Tag. Schlägt im Herbst das Wetter unterwegs um oder sind die 14 Kilometer zu lang, kann man auf Variante 2 (12 km) oder 3 (6,5 km) wechseln.

Ausrüstung: Wanderschuhe, Wasserflasche, Rucksack mit genug Platz für Äpfel und Most.

Weite Wiesen, sanfte Hügel - und rundherum Apfelbäume mit Früchten, aus denen Most gemacht wird.

und anschließend zum Taffent Kreuz. Damit ist der nördlichste Punkt der Wanderung erreicht und es geht fast nur noch bergab, zur Schule Granitztal und weiter über die Grutschner Landesstraße. Der Startpunkt ist bald wieder erreicht. Vorher gelangt man aber noch zur Buschenschank Neuhauser, wo als Belohnung der nächste Most wartet.

Wer anschließend lernen will, wo der Bartl den Most holt, fährt zur Buschenschank Lippitz vlg. Oberländer (www.lippitz.biz), die unweit der Route liegt. Der Familienbetrieb thront auf einem Berg und überblickt das Granitztal. Die Besonderheit hier: Besucher können selber Äpfel ernten. Zur Stärkung unbedingt eine Brettljause mit hausgemachten Produkten bestellen – und natürlich Most. Der Hof hat eine lange Most-Tradition, alte Apfelsorten werden hier genauso kultiviert wie der berühmte Lavantaler Bananenapfel. Insgesamt zwölf Mostsorten gibt's zu verkosten, einige davon im wahrsten Sinne des Wortes ausgezeichnet. Die erste Prämierung gab es 1983, die jüngste stammt aus dem Jahr 2021: Da wurde der Most Jonagold bei den CiderWorld'21 Awards in der Kategorie »Cider still« zum Sieger gekürt – er gewann gegen Konkurrenten aus 17 Ländern und drei Kontinenten.

FAZIT: TOLLE TAGESTOUR ZWISCHEN BUSCHENSCHENKEN, STREUOBSTWIESEN UND JEDER MENGE ERFRISCHENDEM MOST!

krebsenwanderme

WEG ZUR WASSER-POLIZEI!

… auf der Krebsenwandermeile in Fresach

#37

Noch um die Jahrhundertwende wurden Flusskrebse auf Kärntner Speisekarten als Delikatesse geführt. Heute stehen die drei im Süden Österreichs vorkommenden Krebsarten Dohlenkrebs, Steinkrebs und Edelkrebs unter Artenschutz. Im Weirerbach in Fresach gibt's eines der größten Steinkrebsvorkommen Kärntens.

#Abendwanderung #Edelkrebse #Naturlehrpfad #tierischlustig

Wer bei der Wanderung keinen Krebs entdeckt, wird vielleicht mit Eierschwammerl fündig.

Erst wenn es dunkel wird, zeigt sich der Astacus astacus. Der Kärntner Edelkrebs begibt sich nachts auf Nahrungssuche und futtert mit Genuss abgestorbene Pflanzenteile, Insekten und sogar tote Fische. Für das Ökosystem ist das gut: Flusskrebse halten so das Wasser sauber und werden scherzhaft als »Wasserpolizisten« bezeichnet, weil sie mit Scheren bewaffnet und geschützt durch einen Panzer ihren Job machen.

In Fresach unweit vom Millstätter See kann man sich auf die Spuren der Kärntner Edelkrebse begeben und entlang des Weirerbachs die Krebsenwandermeile gehen. In dem Bach gibt's eines der größten Steinkrebsvorkommen Kärntens, allerdings ist es nicht einfach, die kleinen Tierchen aufzuspüren. Zwar werden ausgewachsene Edelkrebse rund 15 Zentimeter groß, sie zeigen sich aber erst bei Dunkelheit. Tagsüber ist der grau-beige Panzer im Bach gar nicht auszumachen. Die beste Zeit, um die Krebse zu erspähen, ist gegen Mitternacht, wenn die Tiere am aktivsten sind. Wer jedoch eine Nachtwanderung

Die Krebsenwandermeile führt durch den Wald und über eine Steganlage.

scheut, entdeckt mit ein wenig Glück bereits in der Dämmerung einen »Wasserpolizisten«.

Start ist an der Untermitterberger Straße beim Eingangstor der Krebswandermeile. Der Weg führt entlang des Weirerbachs und durch den Wald. Immer wieder wandert man über Holzstege und Brücken, von denen man das Wasser gut im Blick hat. Um die Steinkrebse aufzuspüren, kann man mit einer Taschenlampe ins Wasser leuchten, doch auch das ist kein Garant: Die Tierchen tarnen sich selbst nachts gut. Doch auch ohne Begegnung mit der »Wasserpolizei« ist die kurze Wanderung ein Erlebnis: Alleine die Suche und der Weg über die Steglandschaft ist ein Abenteuer, insbesondere zur Dämmerung, wenn Wald und Weirerbach in ein magisches Licht gehüllt sind.

Zurück geht's auf demselben Weg, im Herbst startet parallel zur Krebssuche auch die nach Eierschwammerl, solange es noch hell ist. Wer will, biegt auf dem Waldweg ein paar Meter in den Wald ab und hält die Augen nach Pilzen offen. Wieder angekommen am Ausgangspunk wartet dann ein großer Edelkrebs aus Holz auf all jene, die dem Astacus astacus unterwegs nicht begegnet sind.

Vor der Heimfahrt lohnt sich ein Abstecher in den Dorfladen Fresach (www.dorfladen-fresach.at), der Bauernladen, Jausenstation und Café in einem ist: Zu kaufen gibt's mehr als 100 Genussland-Kärnten-Produkte von heimischen Landwirten und Produzenten, aber auch Spezialitäten aus dem Alpe-Adria-Raum, wie Kaffeebohnen aus Udine oder Käse aus der Partnergemeinde Cercivento/Sutrio.

Hin & weg: Über die Tauernautobahn (A10) bis zur Ausfahrt Paternion Feistritz, durch das Ortszentrum von Feistritz an der Drau und weiter über die Glanzer Landesstraße, die Fresacher Landesstraße und die Untermitterberger Straße bis zum Parkplatz der Krebsenwandermeile. Mit dem Zug bis zum Bahnhof Feistritz/Drau und weiter mit dem Nockmobil (www.nockmobil.at).

Beste Zeit: Frühling–Herbst, im Idealfall abends und nachts.

Dauer & Strecke: 1,5 Std. Gehzeit für 3 km hin und retour – mit der Suche nach Krebsen, Pilzesammeln und anschließender Einkehr ca. 4 Std.

Ausrüstung: Sportschuhe mit rutschfester Sohle, wetterfeste Kleidung, Taschen- und/oder Stirnlampe.

FAZIT: KURZE WANDERUNG FÜR JUNGE UND ALTE NATURDETEKTIVE MIT DER FRAGE: SEHEN WIR EINEN EDELKREBS?

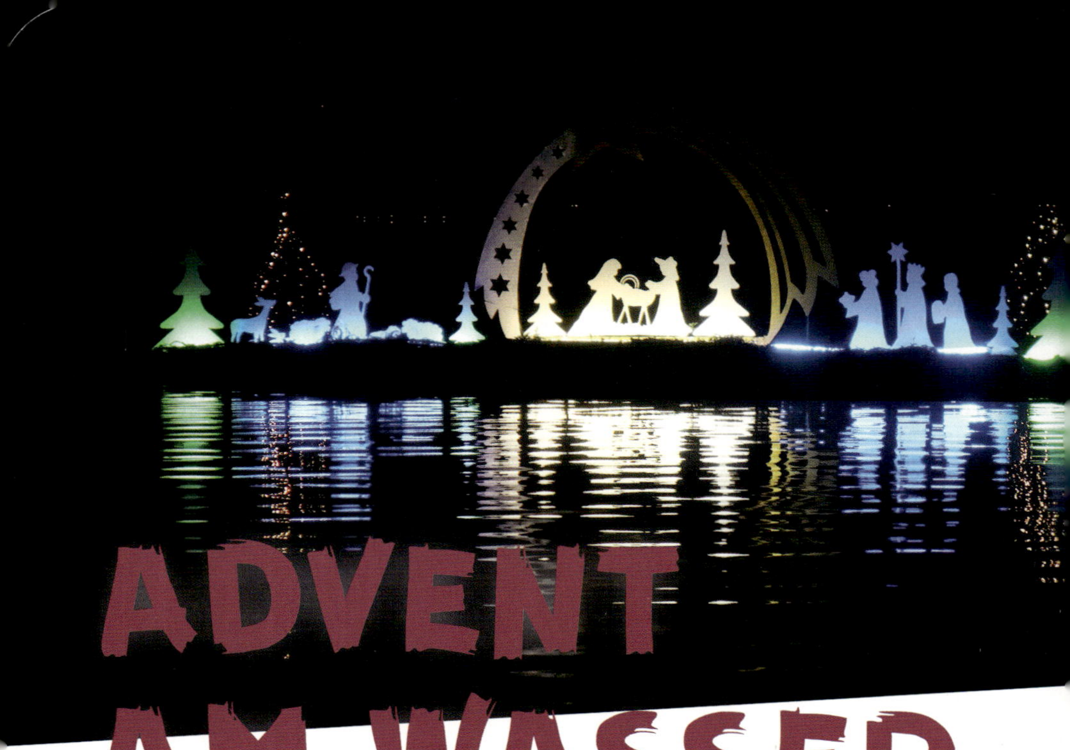

ADVENT AM WASSER

... rund um den Wörthersee

#38

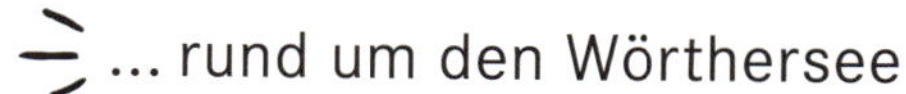

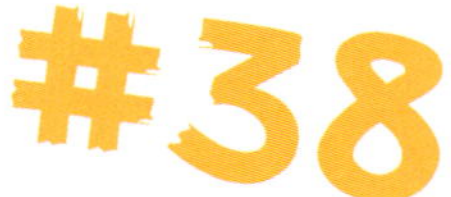

Auf dem Berg, über dem See, am Ufer, auf einer Halbinsel: Am Wörthersee wird die Adventszeit gekonnt zelebriert und die Christkindlmärkte sind in einer malerischen Kulisse inszeniert. Das Besondere daran: Man schwimmt von Markt zu Markt – mit dem Adventschiff der Wörthersee Schifffahrt.

#Xmas #Weihnachten #Schifffahrt #stadtnah

Adventstimmung auf dem Christkindlmarkt unter dem Pyramidenkogel.

Traditionen werden in Kärnten großgeschrieben. Eine von ihnen – die Schifffahrt auf dem Wörthersee – kommt im Winter in besonderem Ambiente daher. Nämlich dann, wenn die Schiffe kreuz und quer über den See fahren zu den verschiedenen Christkindlmärkten, die am Seeufer stattfinden. An Bord gibt's Glühwein und Glühmost, mit dem Tagesticket darf man so oft ein- und aussteigen, wie man möchte.

Am Metnitzstrand in Klagenfurt legt man ab, von hier geht's über Krumpendorf zu einem der schönsten Flecken Kärntens, ans Südufer des Wörthersees. Dort taucht die Halbinsel Maria Wörth mit ihren Kirchtürmen in Zeitlupe vor einem auf. Maria Wörth ist klein, aber über die Grenzen Österreichs bekannt wegen der gotischen Wallfahrtskirche und der beinahe 900 Jahre alte Winterkirche, die auf der Halbinsel thronen. Im Advent verwandelt sich das Dorf in eine zauberhafte Adventkulisse. Was kulinarisch angeboten wird, kommt aus Kärnten und dem Alpe-Adria-Raum – von Kärntner Jause über Kärntner Kasnudl bis hin zu Erzeugnissen vom Bauernhof. Vom Schiff steigt man in Maria Wörth in den Shuttlebus, hat den See aber noch immer im Blick. Hoch über dem

Ganz Velden wird in der Adventzeit magisch beleuchtet. Ein Highlight ist das berühmte Schlosshotel.

Wörthersee thront der Pyramidenkogel, der höchste Holzaussichtsturm der Welt und eine ausgefallene Szenerie für einen Christkindlmarkt: Am Fuße des Aussichtsturms reihen sich Holzhütten aneinander, zu kaufen und kosten gibt es auch hier Produkte aus Kärnten und dem Alpe-Adria-Raum.

Im Anschluss bringt einen das Schiff weiter zum ruhigsten Christkindlmarkt vor dem Parkhotel in Pörtschach. Wo es im Sommer vor Urlaubern nur so wuselt, ist es im Winter still - auch auf dem Weihnachtsmarkt. Denn wo normalerweise »Last Christmas« aus Lautsprechern tönen würde, hört man in Pörtschach lediglich die Stimmen der Besucher und Händler. Das ist das Konzept des »Stillen Advent«. Lediglich ein Dutzend Stände, die familiär und regional sind, heißen Besucher willkommen: Es gibt Kärntner Brettljause, Riesenkrapfen, Gulaschsuppe und natürlich Glühmost.

Danach geht's auf dem Wasser nach Velden. Hier findet man den strahlendsten Christkindlmarkt am See. Über dem Wasser der Bucht schwebt das Wahrzeichen des Veldener Advents, ein aus 60 000 Lampen bestehender Adventskranz, der den nächtlichen Wörthersee magisch illuminiert. Und auch die Stadt verwandelt sich am Abend in ein fantastisches Lichtermeer, das Velden im Advent zur Engelsstadt macht. Von der Promenade mit dem berühmten Schlosshotel über den Gemonaplatz bis hin zum Casino: Überall stehen Holzhütten, Buden und Glühweinstände und sorgen für weihnachtliche Stimmung.

Hin & weg: Über die Südautobahn (A2) zur Abfahrt Wörthersee, in die Villacherstraße und bis zum Metnitzstrand. Mit dem Zug bis zum Hauptbahnhof Klagenfurt, mit dem Bus 40, 41, 80 oder 81 zum Heiligengeistplatz und weiter mit dem Bus 10 oder 60 zur Haltestelle Schiffsanlegestelle.

Beste Zeit: Mitte November–Ende Dezember, wenn die Adventschiffe der Wörthersee Schifffahrt unterwegs sind (www.woertherseeschifffahrt.at).

Dauer & Strecke: Will man alle Christkindlmärkte besuchen, benötigt man einen Tag.

Ausrüstung: Warme Wanderkleidung, Handschuhe, Mütze, Appetit auf Advent-Schmankerln.

FAZIT: GARANTIERT DIE AUßERGEWÖHNLICHSTE CHRISTKINDLMARKT-RALLEY RUND UM DEN SEE!

SO SCHEE IM SCHNEE

Die Kärntner Nockberge zeigen sich von ihrer schönsten Seite, wenn man sie im Schnee erkundet. Beim Schneeschuhwandern in der Berglandschaft über Bad Kleinkirchheim verändert die Welt ihr Aussehen, wenn nichts zu hören ist außer die eigenen Schritte.

#WandernimSchnee #Tiefschnee #Outdoor #Nockberge

Die Klamerhütte liegt in einem Winterwunderland auf der Feldpannalm.

Der Schnee knirscht beim ersten Tritt und legt sich wie eine zarte Puderschicht über den Schneeschuh. Der zweite Schritt fällt leichter, der dritte fühlt sich schon fast normal an. Mit jeder Bewegung wird die Welt stiller – und plötzlich, als hätte jemand die Lautstärke heruntergedreht, steht man mitten im Wald auf einer Lichtung auf glitzerndem Schnee und hat das Gefühl, alleine zu sein mit der Natur auf einem verschneiten Berg in den Nockbergen.

Startpunkt der Schneeschuhtour ist in Bad Kleinkirchheim. Mit dem Sessellift der Maibrunnbahn geht's auf den Berg, von 1024 Meter auf 1760 Meter in zwölf Minuten. Der Weg führt zuerst kurz bergab und dann sanft einen Hügel hinauf. Nach einer Viertelstunde eröffnet sich das Bergpanorama der Nockberge wie eine Bilderbuchkulisse. Zeit zu verschnaufen und die Gipfel zu bestaunen. Der höchste Punkt der Gemeinde ist der Gipfel des Klomnocks mit 2331 Metern. Die zerklüfteten, schneebedeckten Berge gehören zum Nationalpark Nockberge. Steht man hier oben,

---

Hin & weg: Über die Tauernautobahn (A10) bis zur Ausfahrt Knoten Spittal/Millstätter See und weiter nach Bad Kleinkirchheim zum Parkplatz der Maibrunnbahn. Mit dem Zug nach Spittal, mit dem Bus 5140 nach Radenthein und mit dem Bus 5144 zur Station Bad Kleinkirchheim Therme St. Kathrein.

Beste Zeit: Januar und Februar.

Dauer & Strecke: 2 Std. reine Gehzeit für 5,5 km und 150 hm. Mit Einkehr auf der Klamerhütte (www.kas.kohlweiss.at) ein halber Tag.

Ausrüstung: Warme Socken, feste Schuhe, Handschuhe, Mütze. Schneestiefel, Schneeschuhe und Stöcke kann man in der Ski- und Sportschule Krainer (www.skischule-badkleinkirchheim.at) ausleihen.

Auf der Klamerhütte gibt's die Belohnung für die Schneeschuhtour - in Form einer frischen Frigga von Senner Klaus Kohlweiss.

sieht man sogar bis Slowenien. Begleitet von grandiosen Ausblicken stapft man über den Berg. Je nach Wetter- und Schneelage kommt man über weite Felder mit unberührtem Tiefschnee, wo man eigene Spuren ziehen kann. Außer Wald, Schneefeldern und weiß gezuckerten Bäumen ist nichts zu sehen, nur dann und wann passiert man kleine Holzhütten und Viehstände. Nach einem sanft abfallenden Berghügel erreicht man eine Straße, die sich in Kurven nach unten windet. Jetzt ist das Ziel nah – und schon tauchen die Feldpannalm und die Klamerhütte in der Ferne auf.

Senner Klaus Kohlweiss bewirtet hier nicht nur Wandergäste, er betreibt auch eine Schaukäserei und stellt Hartkäse, Schnittkäse, Käse mit Rotschmiere, Käse in Öl und Kräutern eingelegt, Butter, Topfen (Quark), Joghurt und Aufstriche her. Wer will, kostet eine Frigga, ein typisches Frühstück, das aus dem Alpe-Adria Raum stammt. Traditionell wurde das Speck-Käse-Omelett von Holzfällern in einer Pfanne über offenem Feuer hergestellt – und so macht es auch Senner Klaus Kohlweiss.

Zurück kommt man mit dem Taxi – 2,5 km bis Feld am See und mit dem Bus über Radenthein nach Bad Kleinkirchheim. Die Tour gibt es auch geführt von der Ski- und Sportschule Krainer; dann findet die Rückfahrt bis Feld am See auf einem Schlitten statt (mit Transport nach Bad Kleinkirchheim).

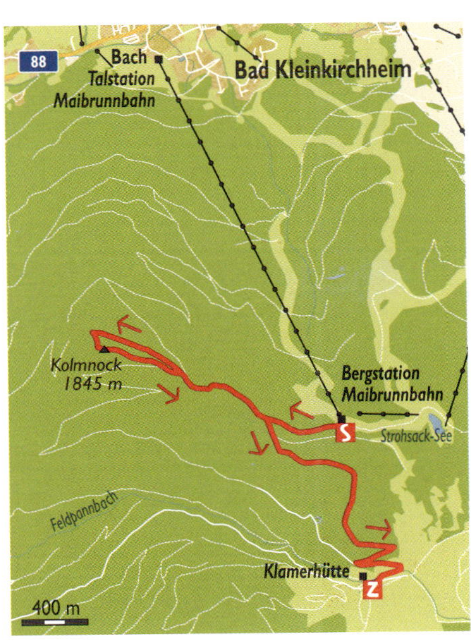

FAZIT: SPAßIGES WORK-OUT IM SCHNEE IN EINER UMWERFENDEN KULISSE!

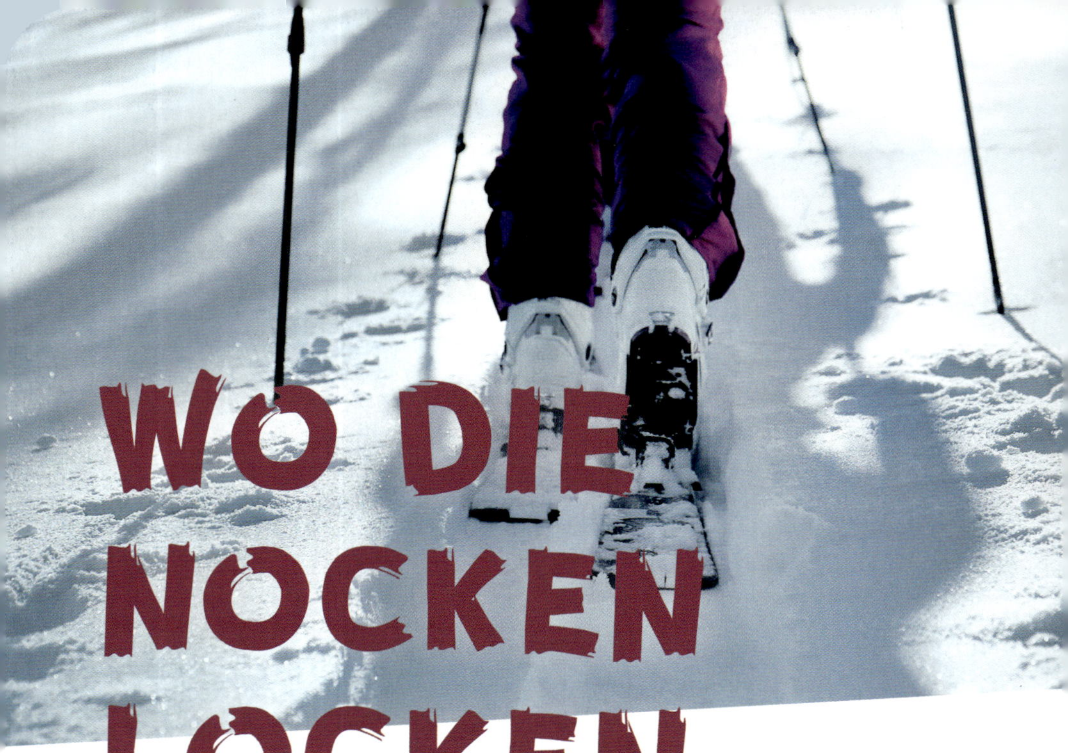

WO DIE NOCKEN LOCKEN

... vom Katschberg nach Innerkrems

#40

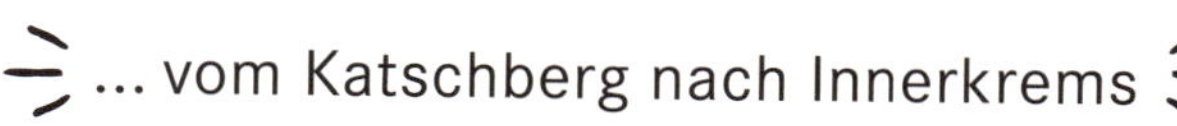

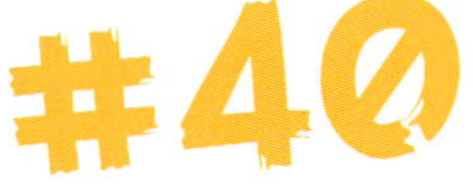

Die Kärntner Nockberge werden ihrem Namen gerecht: Wie kleine Nocken reihen sich die Berge mit ihren gerundeten Kuppen aneinander. Im Winter sind die sanften Riesen ideal für Genuss-Tourengeher, die den UNESCO-Biosphärenpark in den Kärntner Nockbergen erkunden wollen.

#Tourengehen #Pistencruisen #Winterlandschaft #Wintersport

Der Nockberge-Trail besteht aus vier Etappen, die auch einzeln absolviert werden können.

Weiche Schale, alter Kern: Von allen Gebirgsgruppen der Ostalpen wirken die Nockberge am sanftesten, haben aber die längste Geschichte. 60 Millionen Jahre haben sie auf dem Buckel, deshalb ist ihr Erscheinungsbild auch weniger schroff als das der Hohen Tauern im Westen oder der Karawanken und Karnischen Alpen im Süden. Die sanft gerundeten Kuppen sind niemals übermäßig steil oder herausfordernd, deshalb halten sich die technischen Anforderungen an die Skitourengeher in Grenzen, Erfahrungen im Tourengehen und entsprechende Kondition sind dennoch nötig.

Die schönste Art, sich den Nocken anzunähern, ist eine Tour auf dem Nockberge-Trail,

Die Belohnung der Tour ist die Abfahrt: 650 Höhenmeter hinunter nach Innerkrems.

der in insgesamt vier Tagesetappen und auf 65 Kilometer den UNESCO-Biosphärenpark in den Kärntner Nockbergen quert. Das Besondere ist das sanfte Touren im Schnee: Jede Etappe beginnt mit einer Liftfahrt, Start und Ende sind immer in einem Skigebiet. Unterwegs passiert man den Katschberg, Innerkrems, die Turracher Höhe, den Falkert und Bad Kleinkirchheim.

Die erste Etappe des Nockberge-Trails startet gemütlich auf der Katschberghöhe – mit einer Sesselbahn-Fahrt hinauf auf das Aineck und dem ersten Rundumblick über die Hohen Tauern und Nockberge bis hin zu den Karawanken und den Julischen Alpen. Von der Bergstation geht's in südlicher Richtung, links am Beschneiungssee vorbei, und weiter über einen sanften Höhenrücken in Richtung des Teuerlnocks. Der Gipfel muss nicht bestiegen werden, stattdessen fährt man zuvor ab und hält sich in Richtung Süd-Ost. Die Abfahrt führt zuerst über freies Gelände und dann durch Lärchenwälder ins Laußnitztal. Wer will, kehrt in der nahegelegenen Neuen Bonner Hütte (www.neue-bonner-huette.at) ein.

Weiter geht die Tour, erst über den Laußnitzbach und dann über einen Forstweg hinauf zur Ebenwaldhütte. Nun führt der Weg kurz bergab, bis der nächste Talgrund erreicht ist. Ab hier startet der Hauptanstieg der Etappe: Über einen Forstweg hinauf zur Laußnitzeralm und dann weiter bergauf durch einen Lärchenwald und über freie Hänge. Die Route geht immer in südlicher Richtung weiter, vorbei am

Die Nockberge haben sanfte Gipfel, Erfahrungen im Schneetourengehen braucht man für diese Tour aber trotzdem.

zugefrorenen Laußnitzer See zum Roten Riegel und kurz darauf zum Gipfel der Schwarzwand. Nun ist der Moment gekommen: Der Gipfel ist der Anfang eines Höhenrückens, den man überschreitet. Begleitet von gigantischen Ausblicken tourt man bis zum Gipfel der Zechnerhöhe. Jetzt wartet der genussvolle Abschluss der Tour und es geht 650 Höhenmeter auf präparierten Pisten direkt hinunter zum Tagesziel Innerkrems. Dann heißt es: Beine hoch und Augen auf die umliegenden Nocken, die weiter locken ...

FAZIT: PERFEKT FÜR GENUSS-TOURENGEHER, DENEN ES NICHT UM GIPFEL UND HÖHENMETER GEHT.

Hin & weg: Über die Tauernautobahn (A10) bis Rennweg am Katschberg. Kostenlos parken beim Heizwerk, direkt an der B99. Mit dem Zug bis Spittal-Millstätter See, weiter mit dem Bus 5132 nach Rennweg am Katschberg/Gasthaus Post. Vom Gasthof Post verkehren im Winter mehrmals täglich Busse zur Katschberghöhe. Zurück mit dem Booking-Service des Nockberge-Trails (www.bookyourtrail.com/trail/nockberge-trail). Der Trail ist der erste online-buchbare Ganzjahrestrail in Österreich. Tourengeher können vorab Unterkunft, Shuttle- und Gepäckservices online buchen. Wer sich alleine nicht traut, kann eine geführte Tour buchen, die von einem staatlich geprüften Skiführer begleitet wird (www.nockberge-trail.com > Service > Partner vor Ort).

Beste Zeit: Mitte Dezember–Anfang April.

Dauer & Strecke: Für 19,5 km, 887 hm Aufstieg und 1549 hm Abstieg sollte man etwa 6 Std. einplanen.

Ausrüstung: Skitourenausrüstung, Winterkleidung im Schichtprinzip, Thermoskanne mit Heißgetränk.

---

3. KAPITEL MINIURLAUB

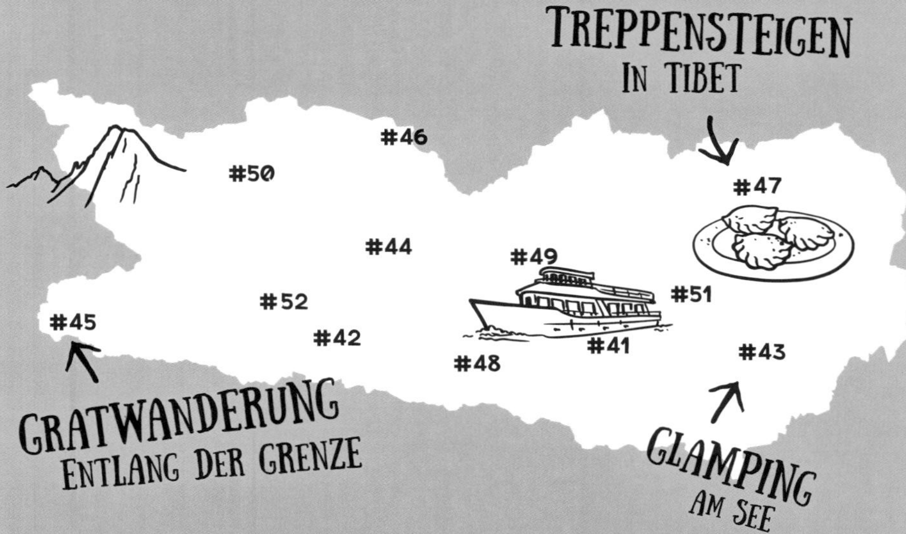

Ferien für ein Wochenende

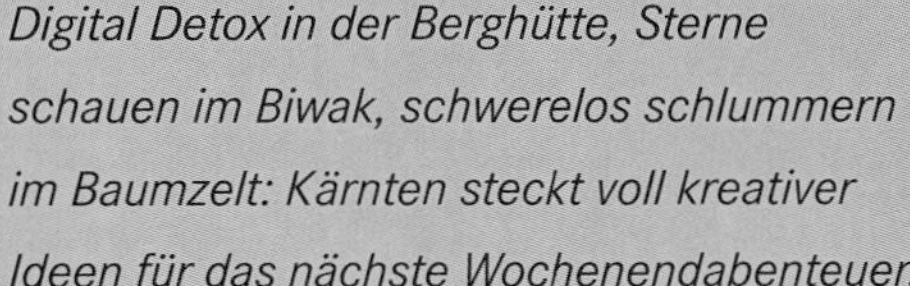

Digital Detox in der Berghütte, Sterne schauen im Biwak, schwerelos schlummern im Baumzelt: Kärnten steckt voll kreativer Ideen für das nächste Wochenendabenteuer.

36H

EIN GANZER HALBER SEE

... auf dem Wörtherseerundwanderweg

Es ist leicht, dem Wörthersee sein Herz zu schenken, wenn er sich im Sommer von seiner schicksten Seite präsentiert. Abseits der Saison gibt sich Kärntens berühmtester See zurückhaltend. Bei einer Seeumrundung nach der Schneeschmelze lernt man den Wörthersee von seiner ungekünstelten Seite kennen.

#Panoramawanderung #Ufer #ZeitimWald #Seeumrundung

Der Tourismus am Wörthersee begann bereits während der Monarchie, als Kaiser Franz Joseph und Sisi auf der Durchreise an Kärntens größtem See Halt machten. Später kamen die Komponisten Johannes Brahms und Gustav Mahler, in den 1950er-Jahren Weltstars wie Kirk Douglas, Omar Sharif und Ingrid Bergmann. Als dann die Fernsehserie »Ein Schloss am Wörthersee« gedreht wurde, war klar: Der Wörthersee ist Österreichs Riviera.

Keine Frage: Der Wörthersee kann mondän sein, ist aber längst nicht nur der High Society vorbehalten. Wenn die Touristen wieder abreisen, zeigt der See sein ehrliches Gesicht. Wer ihn richtig kennenlernen will, begibt sich abseits der Saison auf den Wörtherseerundwanderweg. Dieser umrundet in vier Tagesetappen, über 55 Kilometer und 400 Höhenmeter den See. Viele Wanderer sind sich einig, dass die schönste Route von Pörtschach aus um die Westseite des Sees führt (Etappe 2 und 3).

Start ist also in Pörtschach. Erst geht's durch den Ort, nach wenigen Kilometern ist die »Hohe Gloriette« erreicht. Auf einer markanten Felskuppe thront die Aussichtsplattform mit grandiosem Ausblick auf den Wörthersee und die Pörtschacher Halbinsel. Weiter wandert man durch den Wald immer westwärts, über teils steile Pfade, verwurzelte Wege und

Ob an der mondänen Promenade in Velden oder im Wald: Die Tour wird stets begleitet vom Wörthersee.

enge Steige – bis der romantische Forstsee erreicht ist, der auf dem Plateau über Velden liegt. Nach einem kleinen Aufwärtsstück leitet einen die Etappe erst eben und dann abwärts weiter, hinunter zur Römerschlucht und zum Zielort Velden. Wo sich im Sommer die Crème de la Crème trifft, herrscht in den ersten Monaten des Jahres eine herrliche Stille.

Der nächste Tag startet mit einem Panoramaspaziergang in Velden. Denn der Rundwanderweg führt nun entlang der Seepromenade, vom »Schloss am Wörthersee« vorbei an den typischen Wörtherseevillen bis zum Kap Wörth. Hat man das Westufer umrundet, führt der Weg hinauf in einen Laubwald und hinein in eine völlig andere Welt. Das exklusive Bild Veldens verschwindet, die pralle Natur hoch über dem See wird sichtbar. Man wandert durch den tiefen Wald und kann stellenweise nur erahnen, dass linkerhand der See liegt.

Nach einigen Höhenmetern und verwinkelten Pfaden im Wald ist der Trattnigteich erreicht, der wie eine stille Oase inmitten von dichten Bäumen liegt. Im Anschluss wartet noch ein letzter Anstieg, bevor man sich nur noch bergab halten muss. Offiziell verläuft diese dritte Etappe des Wörtherseerundwanderweges bis nach Reifnitz, imposanter endet die Tour aber in Maria Wörth. Kommt man auf den letzten Metern durch den Gidlwald oberhalb der Halbinsel an, wird man mit einem herrlichen Panorama belohnt.

Hin & weg: Über die Südautobahn (A2) nach Pörtschach bis zum Parkplatz am Kirchweg. Mit dem Zug bis Pörtschach Bahnhof und 5 Min. zu Fuß zum Ausgangspunkt. Für die Rückfahrt von Maria Wörth mit dem Bus 5310 nach Klagenfurt und mit dem Zug nach Pörtschach.

Beste Zeit: Wenn der Schnee geschmolzen ist, kurz vor Frühlingsbeginn.

Dauer & Strecke: 2 Tage; für die gesamte Strecke von Pörtschach nach Maria Wörth benötigt man insgesamt 7,5 Std. reine Gehzeit (25 km, 575 hm).

Ausrüstung: Warme Wanderkleidung, feste Wanderschuhe, Wasserflasche und Jause. In der Vorsaison haben noch nicht alle Lokale geöffnet.

Wenn es Nacht wird: Die Rocket Rooms (www.rocket-rooms.at) in Velden sind günstig, hip und haben ein lässiges Restaurant.

FAZIT: MEHR SEE GEHT NICHT! MINI-URLAUB MIT DER UMRUNDUNG DES HALBEN WÖRTHERSEES.

SANFT, STILL & SLOW

#42

Am Pressegger See werden sprichwörtlich Träume wahr: Zwischen raschelndem Schilf und plätscherndem Wasser führt einer der sanftesten und stillsten Slow Trails Kärntens durch den zweitgrößten Schilfgürtel Österreich. Träumen ist erlaubt – beim Wandern genauso wie beim Schlummern im Camping-Fass.

#Entschleunigung #Badesee #Schilfgürtel #SchlafenimFass

Übernachten in einem Schlaffass ist ein Spaß für Groß und Klein.

Eintreten, auftanken, zur Mitte finden, loslassen, ankommen: Was wie die Anleitung für eine Meditation klingt, soll zwar für Entspannung sorgen, aber auch in Bewegung bringen. Gemeint sind damit fünf Ruheplätze, die auf dem Slow Trail um den Pressegger See im Unteren Gailtal installiert wurden. Wer hier wandert, soll Entschleunigung finden, sich spüren und tief eintauchen: in die Natur, in sich selbst und natürlich auch in den See.

Beim Strandbad Hermagor startet die Seeumrundung. Der Wanderweg führt zwischen See und Schilf um den neuntgrößten See Kärntens, der 1970 zum Landschaftsschutzgebiet erklärt wurde. Zahlreiche Lebewesen haben hier ihre Heimat. Besonders traumhaft ist die Strecke jeweils an der West- und Ostseite, wo Wasser, Moor und Schilf aufeinandertreffen. Der Schilfgürtel ist bis zu drei Meter hoch und damit der größte in Kärnten und der zweitgrößte Österreichs. Mit jedem Schritt auf dem Pfad zwischen den raschelnden Halmen und dem sich sanft kräuselnden Wasser steigen Entspannung und Entschleunigung.

So geht es Schritt für Schritt am Ufer entlang, ganz eins mit der herrlichen Natur. Meditative Sprüche und Ruheplätze an den fünf Stationen sorgen für kleine Pausen zwischendurch. Am Ende darf der Platsch ins kühle Nass am Pressegger See natürlich nicht fehlen. Von den Einheimischen gerne als Badewanne des Gailtals bezeichnet, erreicht das Wasser im Sommer bis zu 28 Grad Celsius.

Wer sich dann so richtig müde geschwommen hat, schlummert gleich doppelt so gut – und am Pressegger See in einer ganz besonderen

Die Wanderung um den Pressegger See offenbart ein großartiges Panorama.

Location: in einem urigen Schlaffass bei Camping Schluga. Die aus Kiefernholz gefertigten Fässer sind klein, aber fein und bestehen aus einem Vorraum mit Sitzgelegenheit, einem Ausziehtisch und Schlafbereich mit darunterliegendem Stauraum. Übernachten können zwei Personen und maximal ein Kind auf einem Kinder-Ausklappbett.

Hin & weg: Über die B111 bis zu Camping Schluga (2 km vor Hermagor). Mit dem Zug bis Hermagor Bahnhof und weiter mit dem Bus 8572 bis Obervellach/Gail Bundesstraße.

Beste Zeit: Mai, Juni, September

Dauer & Strecke: 2 Tage; Seeumrundung 1,5 bis 2 Std., 100 Hm

Ausrüstung: Sportschuhe, Sonnencreme, Badesachen, ev. Kopfbedeckung.

Wenn es Nacht wird: Am günstigsten sind die Schlaffässer in der Vor- und Nebensaison. Ab drei Nächten sinkt der Übernachtungspreis, ab vier Übernachtungen gibt's einen weiteren Rabatt (www.schluga.com). Wer will, kann ein Fahrrad auf dem Campingplatz ausleihen.

Am liebsten würde man sich sofort ins Bettchen kuscheln, doch erst gilt es, den Campingplatz zu erkunden – und nochmal einzutauchen. Denn das Alpinspa mit beheiztem Freibad, Naturschwimmteich oder das Hallenbad mit Gegenschwimmanlage versprechen großen Badespaß. Und noch eine Extraportion Entschleunigung.

FAZIT: MEDITATIVE SEEUMRUNDUNG ZWISCHEN WASSER, SCHILF UND MOOR – INKLUSIVE EINER LUSTIGEN ÜBERNACHTUNGSART FÜR KLEIN UND GROß.

SECHS AUF EINEN STREICH

... am Pirkdorfer See

Der Pirkdorfer See in Südkärnten liegt im Geopark Karawanken, zwischen Wiesen, Wäldern und der 2114 Meter hohen Petzen, die Kärnten von Slowenien trennt. Hier befindet sich Österreichs erstes Glamping Resort – und der ideale Startpunkt für die Sechs-Seen-Runde.

#Radtour #Seen #Glamping #outdoor

In Südkärnten geht es auf dem Rad zu sechs Badeseen.

Kärnten ist sprichwörtlich »geseegnet«: Im südlichsten Bundesland Österreichs gibt es rund 2000 Seen. Die Hauptrolle spielen aber nicht nur die größten Seen Wörthersee, Millstätter See, Ossiacher See und Weißensee. Abseits der Touristenklassiker locken vor allem die kleinen Gewässer in Südkärnten. Durch die Beckenlage innerhalb der Gebirge ist die Gegend klimatisch besonders begünstigt.

Deshalb ist bei einer Auszeit in Südkärnten Wasser das wichtigste Element. Rund um den Klopeiner See liegen zwischen den Gipfeln der Karawanken und der Saualpe sechs weitere Seen, die es zu erobern gilt. Denn die Gewässer in Südkärnten sind gut miteinander verbunden. Wem ein See nicht genügt, der leiht sich ein E-Bike und macht sich auf zur Sechs-Seen-Runde. Die Route ist trotz der 54 Kilometer auch für geübte Kinder machbar und lässt sich vor allem in beide Richtungen oder in Teilstrecken fahren. Auf der Strecke gibt es mehrere Buschenschenken und Gaststätten, auch Baden ist unterwegs überall möglich. Denn alle Seen, die auf der Route liegen, sind Badeseen und es warten Temperaturen von bis zu 29 Grad.

Offiziell startet die Sechs-Seen-Runde am Klopeinersee und führt über den Kleinsee, den Turnersee, den Gösselsdorfer See und den Sonnegger See zum Pirkdorfer See. Wer die Route umgekehrt fährt, kann über das Wochenende am Pirkdorfer See einchecken. Erst im Jahr 2020 eröffnete hier Österreichs erstes Glamping Resort. Das Hybridwort Glamping setzt sich zusammen aus Glamour und Campen. In einem eigenen Bereich am See reihen sich acht Glamping-Zelte, sieben Glamping-Chalets und drei Baumzelte in einer malerischen Anlage aneinander. Statt dicker Außenwände gibt es feste Zeltplanen, an-

Klein, aber oho: Der Pirkdorfer See ist im Sommer ein beliebter Treffpunkt – mit Badewannentemperatur.

sonsten ist alles da in den *tents*: Himmelbett, Couch, Tisch, Badezimmer, Küchenecke mit Kaffeemaschine und Kühlschrank und eine Terrasse mit Liegestühlen.

Wohlfühlen fällt nicht schwer, im Gegenteil: Bei der Ankunft im Zelt ist die Überraschung groß. Jeder Gast erhält ein Willkommenskörbchen mit regionalen Produkten: Maischips, Kürbiskerne in Schokolade, Marillensirup, Marmelade, Eierlikör und Kärntner Würste. Der Badespaß geht nur wenige Schritte außerhalb der Anlage am Pirkdorfer See weiter. Das Wasser ist herrlich warm und erreicht im Sommer 27 Grad. Wer will, ist dann wieder »geseegnet«, lässt sich im Wasser treiben, strampelt im Tretboot oder gleitet auf SUPs über den See.

Hin & weg: Über die Bleiburger Straße (B81) und Feistritz bis zu Lakeside Petzen Glamping. Mit dem Zug bis St. Michael ob Bleiburg und weiter mit dem GoMobil (www.gomobil.at) zum Pirkdorfer See.

Beste Zeit: Mai, Juni, Oktober

Dauer & Strecke: 2 Tage; Sechs-Seen-Runde 54 km, 4 Std., 763 Hm.

Ausrüstung: Badesachen, Regenschutz, Sonnenschutz, Helm.

Wenn es Nacht wird: Am günstigsten ist das Glamping von Anfang April bis Mitte Mai und im Oktober im Romantic Tent. Es gilt ein Mindestaufenthalt von zwei Nächten (www.pirkdorfersee.at). Im Preis inkludiert sind Willkommenskörbchen, Frühstückskorb, Welcome-Cocktail, Zugang zum Naturpool und zum Pirkdorfersee, Tretboot- und SUP-Verleih. Fahrräder können kostenpflichtig ausgeliehen werde.

FAZIT: SÜDKÄRNTEN VON SEINER SCHÖNSTEN UND WASSERREICHSTEN SEITE.

LOVE IS IN THE AIR

… am Millstätter See

#44

Am Millstätter See trifft man dort, wo sich Berge und See begegnen, auf die romantischste Auszeit Kärntens. Wer eine Nacht im Biwak verbringt, taucht ein in die Schönheit des Sees und die Stille des Nachthimmels. Dann schweigt das Innere – aber die Sterne beginnen zu sprechen.

#Auszeit #Romantik #See #Sternenhimmel

Der Weg der Liebe ist das Ziel: Wer durch das Granattor schreitet, tritt in eine glückliche Zukunft.

Wie weit geht man für die Liebe? Die Antwort auf diese Frage lautet am Millstätter See: 6,5 Kilometer von der Alexanderhütte über die Millstätter Alpe zum Granattor. Jeder Schritt der Wanderung führt nicht nur zu wunderbaren Aussichtspunkten, sondern auch zu sich und seinem Partner. Denn der Weg der Liebe. Sentiero dell'Amore lädt Wanderer dazu ein, an sieben Stationen Gedanken zum Thema Liebe und Partnerschaft festzuhalten.

Die Wanderung startet auf der Alexanderhütte (www.alexanderalm.at) auf 1800 Meter Seehöhe. Weil Liebe bekanntlich durch den Magen geht, kann man sich hier mit Produkten aus der Bio-Sennerei stärken oder einen Picknickrucksack mitnehmen. Im Vordergrund steht aber die erste Frage, die man beantworten soll: »Was ist das Verrückteste, das du jemals aus Liebe getan hast?« Weiter geht es, stetig bergauf, die 260 Höhenmeter sind aber mit jedem Sportniveau machbar. Da die Ausblicke unterwegs so beeindruckend sind, bleibt man ohnehin ständig stehen, verschnauft und staunt über das Panorama. Aber auch der Blick auf den Weg lohnt sich: Wer Glück hat, findet einen Granatstein. Dieser gilt seit jeher als Stein der Liebe.

Das Ziel der Tour ist das Granattor, ein mächtiger, mit Granatgestein gefüllter Durchgang. Hier soll man den Weg der Liebe mit einem Blick in die gemeinsame Zukunft beschließen. Dazu gibt es einen gigantischen Weitblick über den Millstätter See. Zurück geht es am einfachsten auf dem gleichen Weg.

Die Abkühlung nach der Wanderung ist vielerorts möglich, ein Geheimtipp ist die Überfahrt

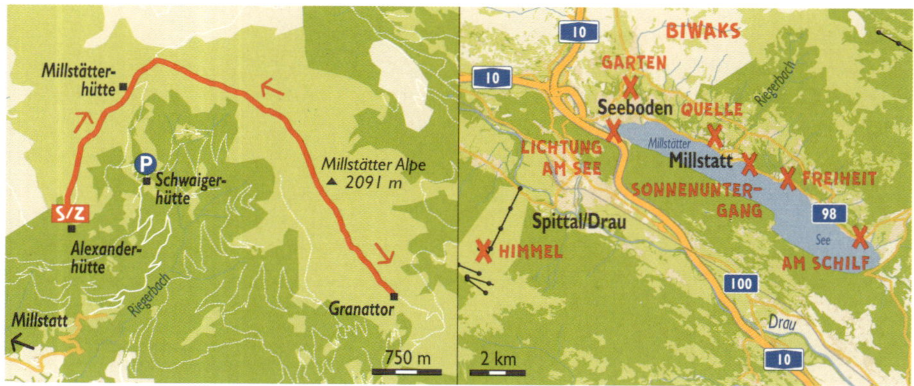

Romantik pur im Biwak unter Sternen direkt am Wasser des Millstätter Sees.

ans ruhigere Südufer vom Millstätter See. Mit der Peter-Pan-Fähre (www.schifffahrt-millstaettersee.at) geht es in 10 Minuten ins Strandbad Spittal – mit großartigem Blick auf Millstatt, den See und die umliegenden Berge.

Liebe und Romantik bestimmen auch die Nacht am Millstätter See, wenn man in einem der Biwaks unter den Sternen – Rifugio sotto le stelle eincheckt. Das Wort Biwak stammt vom französischen Wort *bivouac* ab, das ein Feldlager oder Nachtlager meint, in erster Linie für Soldaten oder Bergsteiger. Im Alpinismus versteht man darunter eine behelfsmäßige Unterkunft im Hochgebirge, es gibt aber auch die Sonderform eines geplanten Biwaks: Das Gipfelbiwak ist ein Ort, wo man Naturerlebnisse intensiv bestaunen kann: Sonnenaufgang, Sonnenuntergang, Sternenhimmel. Am Millstätter See ist es ein Biwak unter Sternen.

Liegt man zwischen Kissen und Decken, wartet man in der Stille darauf, dass die Sterne die Nacht einläuten. An der Wand neben dem Bett prangt ein Zitat von Rainer Maria Rilke: »Vergiss, vergiss und lass uns jetzt nur dies erleben, wie die Sterne durch geklärten Nachthimmel dringen, wie der Mond die Gärten voll übersteigt.«

FAZIT: »LIEBEVOLLE« WANDERUNG UND HINREIßENDE ÜBERNACHTUNG ZWISCHEN BERG UND SEE!

Hin & weg: Über die Tauernautobahn (A10) bis zur Ausfahrt Spittal/Millstätter See und weiter nach Millstatt. Mit dem Zug bis zum Bahnhof Spittal-Millstätter See und weiter mit dem Bus 5138 nach Millstatt.

Beste Zeit: Frühling oder Herbst, wenn noch nicht so viele Touristen am Millstätter See sind.

Dauer & Strecke: 2 Tage; Weg der Liebe hin und retour 13 km, 260 Hm, 6 Std. Wer will, kann bei der Alexanderhütte einen Picknickrucksack mitnehmen. Zufahrt mit dem Auto bis zur Schwaigerhütte, Aufstieg bis zur Alexanderhütte 3,5 km, 250 hm, 1 Std. Alternativ Transfer mit dem Nockmobil (www.nockmobil.at).

Ausrüstung: Zeit, Lust auf Entspannung, Badesachen, Wanderschuhe, evtl. ein Buch.

Wenn es Nacht wird: Insgesamt gibt's sieben Biwaks rund um den Millstätter See (www.biwaks.millstaettersee.com). Da diese sehr beliebt und häufig ausgebucht sind, sollte man rechtzeitig und abseits der Hauptsaison buchen.

GRAT-WANDERUNG

... am Karnischen Höhenweg

Im Ersten Weltkrieg ließen kaiserliche wie italienische Truppen am Karnischen Hauptkamm ihr Leben. Steinerne Schützenanlagen sind noch immer stille Zeugen des Blutvergießens. Heute findet man atemberaubende Aussichten und inneren Frieden – nicht umsonst heißt der Karnische Höhenweg auch Friedensweg.

#Grenzgang #Gipfeltour #hochalpin #Bergwandertage

Ein schmaler Steig führt entlang des Karnischen Höhenweges.

Acht bis zehn Tage bräuchte es, um die kompletten 150 Kilometer des Karnischen Höhenwegs (KHW 403) von Osttirol nach Kärnten zu erwandern. Gigantische Ausblicke auf die Gipfel lassen sich aber auch in Tagesetappen erhaschen, je nach Zeit, Lust und Kondition. Geübte Wanderer gehen auf den hochalpinen Teil des Höhenwegs und nehmen sich die anspruchsvollste Etappe vor: die Strecke von der Porzehütte bis zum Hochweißsteinhaus.

Start ist auf dem Gemeindegebiet der Osttiroler Gemeinde Obertilliach bei der Porzehütte. Um sicher vor der Dämmerung das Nächtigungsziel zu erreichen und dabei genug Pausen einlegen zu können, empfiehlt sich ein früher Aufbruch. Denn es steht die konditionell und auch technisch schwierigste Etappe des Karnischen Höhenwegs an.

Die ersten Schritte hinauf sind schon recht sportlich. Die Höhenmeter bis zum Grat absol-

Unterwegs stößt man immer wieder auf Erinnerungen an den Ersten Weltkrieg.

viert man auf einem alten Kriegssteig in sehr kurzer Zeit. Auf einem schmalen Steig geht's über den Bergrücken entlang der Grenze Richtung Osten: hinauf zum Bärenbadeck und nach dem Abstieg in die Kesselscharte weiter über Reiterkarspitz, Winkler Joch, südlich am Gamskofel vorbei und zum Hochspitzjoch. Ab hier braucht man auch etwas mehr Trittsicherheit und die Hände – am fest verankerten Eisenseil kommt aber nie ein unsicheres Gefühl auf.

Der Weg führt weiter am Grat entlang, erst über die Forcella Vancomun und das Mitterkarjoch, dann weiter auf den Steinkarspitz. Dort geht es unter der Grathöhe weiter, entlang alter Kriegssteige zum Luggauer Sattel und hinunter zum Luggauer Törl. Man mag es unterwegs nicht sofort erkennen, aber in den Tälern tief unter dem Grat geht Osttirol bereits in Kärnten über. Hoch oben auf dem Grat gibt's immer wieder tierisch schöne Begegnungen: mit Schafen, Murmeltieren und sogar Alpakas.

Nach intensiven acht Stunden ist das Ziel – das Hochweißsteinhaus – endlich zu sehen. Man steigt nur noch ein Stück in Richtung Frohnalm ab und quert die Hänge von Torkarspitz und Weißsteinspitze. Es kann auch vorkommen, dass unmittelbar vor der Hütte

noch ein Schneefeld auftaucht. Dann heißt es: Nochmal Kräfte sammeln und an die Belohnung (in Form von Brettljause oder Kaiserschmarren) im Hochweißsteinhaus denken. Es ist die letzte große Anstrengung.

Nach der wohlverdienten Nacht im Hüttenbett und einem ordentlichen Frühstück geht's am nächsten Morgen gemütlich talabwärts bis nach Maria Luggau im Lesachtal. In rund 2,5 Stunden lässt man die hochalpine Kulisse zwar hinter sich, in Erinnerung bleiben die atemberaubenden Ausblicke aber garantiert.

FAZIT: FÜR GEÜBTE WANDERER SIND DIE EINDRUCKSVOLLEN GIPFELAUSSICHTEN DIE ANSTRENGUNGEN MEHR ALS WERT.

Hin & weg: Über die Gailtal Straße (B111) nach Obertilliach. Entweder weiter zum Parkplatz am Klapfsee und 2 km zum Startpunkt bei der Porzehütte oder direkt mit dem Taxi. Mit dem Zug nach Sillian, mit dem Bus 965 nach Obertilliach und mit dem Taxi zur Porzehütte. Vom Endpunkt in Maria Luggau mit demselben Bus zurück nach Obertilliach.

Beste Zeit: Mitte Juni–Anfang September.

Dauer & Strecke: 2 Tage; 8 Std. und 1170 hm bis zum Hochweißsteinhaus; Abstieg nach Maria Luggau ca. 2,5 Std.

Ausrüstung: Schwindelfreiheit, Wanderausrüstung inkl. festes Schuhwerk, Regen- und Sonnenschutz, evtl. Stirnlampe, Wanderkarten bzw. -App sehr empfehlenswert.

Wenn es Nacht wird: Übernachtung im Hochweißsteinhaus (www.alpenverein.at/hochweisssteinhaus). Alle Hütten entlang des KHW besitzen Hüttentelefon, teilweise auch Online-Buchungsmöglichkeit. Lager- und Schlafplätze sollte man mind. 1 Woche im Voraus reservieren.

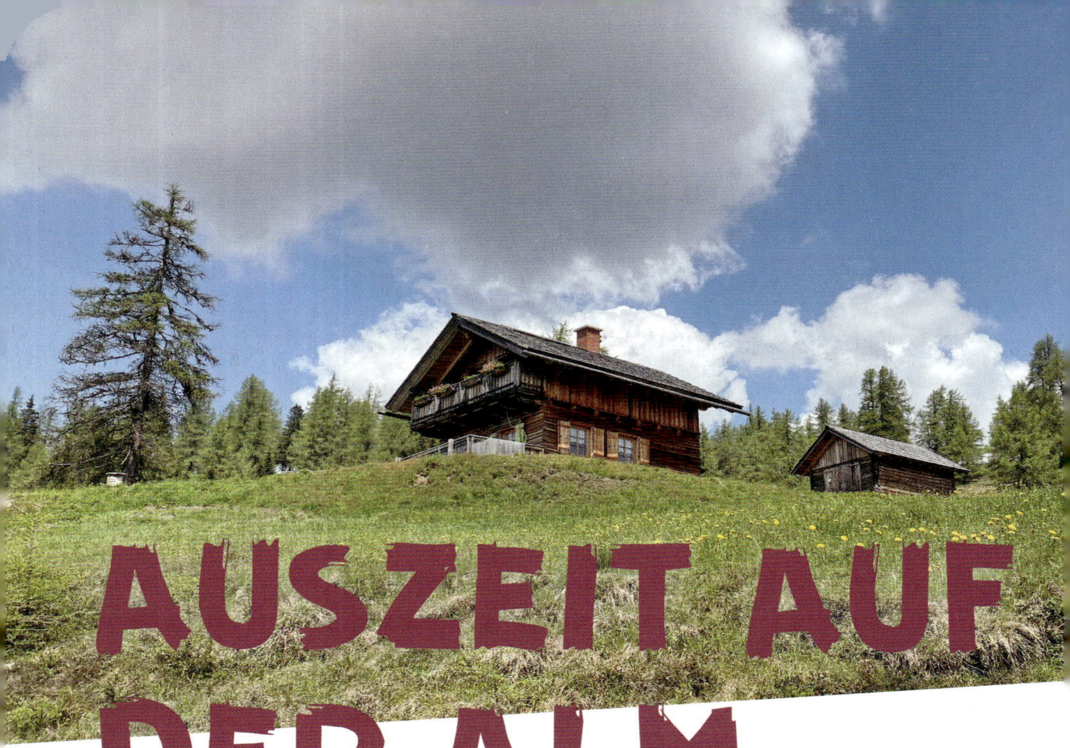

AUSZEIT AUF DER ALM

… am Katschberg

#46

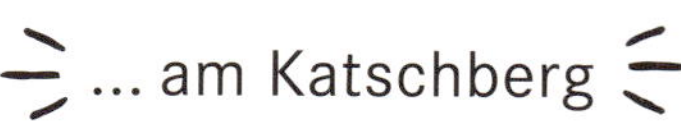

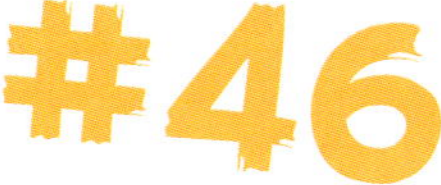

Die Katschberghöhe verbindet das Katschtal in Kärnten mit dem Lungau im Salzburger Land. Am Scheitel des Passes verteilen sich zwei Dutzend Häuser und Hütten wie farbige Tupfer. Eine davon ist die Mechtenhütte – das perfekte Ziel für einen Kurzurlaub auf der Alm.

#digitaldetox #Alm #wandern #Hüttengaudi

Ein Herz für die Alm und den Frühstückstisch.

Kurve um Kurve schlängelt sich die Straße nach oben. Der Weg führt über Berghänge und unter Baumkronen und mündet nach der letzten Kehre in einem Talkessel. Wie farbige Tupfer verteilen sich zwei Dutzend Häuser zwischen Wiesen und Wälder. Die Siedlung am Scheitel des Passes gehört zur Kärntner Gemeinde Rennweg am Katschberg, eröffnet auf 1700 Meter Seehöhe aber eine andere Welt. Nur sechs Kilometer entfernt vom belebten Skiort im Winter, geht es im Sommer beschaulich zu. Wer hierherkommt, sucht Ruhe und die Weite der Berglandschaft, die ein Ausgangspunkt für Wanderungen auf den Katschberg ist – sowohl auf der Kärntner als auch auf der Salzburger Seite.

Lässt man den Blick ins Tal schweifen, kommt das Gefühl auf, man wäre am Ende der Welt, so einsam zeigt sich dieses schöne Stückchen

Die Auszeit am Katschberg bewegt sich zwischen Genuss und Gehen.

Kärnten. Wobei man nicht gleich übertreiben muss, schließlich ist es nur das Ende eines Bundeslandes. Ein Ende, das gleichzeitig der Anfang einer Wanderung ist. Geht man durch die kleine Siedlung und dann bergauf, passiert man nach ca. 30 Minuten die Salzburger Landesgrenze. Der Weg führt in Richtung Aineck über Wiesen mit Blumen und Weiden mit Kühen, vorbei an im Sommer schlummernde Skilifte. Nach rund zwei Stunden sind die Branntweineralm (www.branntweineralm.at) und die wenige Minuten entfernte Kösslbacher Alm (www.katschberg-alm.com) in Salzburg erreicht – Hüttengaudi inklusive.

Die gibt es auch, wenn es Abend wird und man wieder die Siedlung auf der Katschberghöhe erreicht. Von den Hütten und Häusern, die sich hier lieblich ins Tal schmiegen, ist die Mechtenhütte jene, die alles zu überblicken scheint. Das Holzhäuschen steht auf einem Hügel über den anderen Gebäuden. Im Jahr 2000 fing Familie Ramsbacher aus Aschbach aus der Gemeinde Rennweg am Katschberg an, ihren Schatz zu bauen: ein schmuckes Holzhaus mit einer großen Terrasse und Platz für sechs Personen in drei Schlafzimmern. Gekocht und geheizt wird auf einem urigen Holzherd, der an kalten Tagen zur Etagenheizung wird. Vor dem Haus lockt nicht nur die Terrasse mit Grill, sondern auch ein Fischteich: Wer will, fischt seine eigene Forelle, um sie abends gemütlich zu grillen.

Handyempfang oder Internet gibt es nicht, Strom erhält die Hütte durch eine Photovoltaik-Anlage. Das macht aber nichts, denn das Abenteuer findet vor der Haustüre statt. Am nächsten Tag geht die Wanderung in die andere Richtung. Erst quer durch die Siedlung und dann sanft ansteigend zur Neuen Bonner Hütte (www.neue-bonner-huette.at). Die Alpenvereinshütte liegt zu Fuß nur ca. 30 Minuten von der Mechtenhütte entfernt. Hier trifft erneut Hüttengaudi auf die Pause auf der Alm.

FAZIT: KEIN HANDYEMPFANG, KEIN INTERNET – BESSER KANN EINE AUSZEIT NICHT LAUFEN!

Dichte Wälder, weite Wiesen und viele Wanderwege: Die Katschberghöhe ist das ideale Ziel für Wanderfreunde.

Hin & weg: Über die A10 Tauernautobahn (E55) bis Rennweg am Katschberg, weiter über Aschbach zur Katschberghöhe und zur Mechtenhütte. Mit dem Zug bis Spittal-Millstätter See, weiter mit dem Bus 5132 nach Rennweg am Katschberg/Gasthaus Post. Von hier bietet die Mechtenhütte einen Transfer an.

Beste Zeit: Mai, Juni, September

Dauer & Strecke: 2 Tage; Wanderung zur Neuen Bonner Hütte 30 Min, 2 km und 70 hm je Richtung, Wanderung zur Branntweineralm und der Kösslbacheralm: 2 Std., 6,5 km und 350 hm je Richtung.

Ausrüstung: Wanderschuhe, Regenschutz, kleines Paket mit Grundnahrungsmitteln (Kaffee, Milch, Nudeln, Snacks). Lebensmittel gibt's in Rennweg zu kaufen.

Wenn es Nacht wird: Die Preise der Mechtenhütte sind übers Jahr gleich; je mehr Gäste, desto günstiger (www.urlaubambauernhof.at/hoefe/mechtenhuette-rennweg).

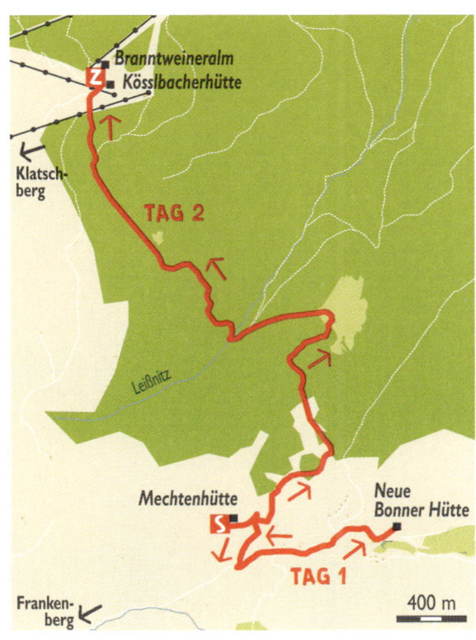

48 STUNDEN IN TIBET

… zwischen Knappenberg und Hüttenberg

Der Kärntner Bergsteiger Heinrich Harrer floh während des Zweiten Weltkriegs aus einem britischen Internierungslager nach Tibet und schloss Freundschaft mit dem Dalai Lama. 1994 baute er in Hüttenberg den einzigen tibetischen Pilgerpfad außerhalb des Himalaya-Gebietes.

#Görtschitztal #Lingkor #spirituell #Ommm

Die beiden einstigen Görtschitztaler Bergbauorte Hüttenberg und Knappenberg umgibt ein besonderes Flair. Wo ehemals das berühmte norische Eisen, das Ferrum Noricum, abgebaut wurde, liegt der Geburtsort des Bergsteigers Heinrich Harrer. Seine Geschichte ist weltbekannt und hat es auf die Leinwand geschafft: Während des Zweiten Weltkriegs floh er aus englischer Gefangenschaft durch das Himalaya-Massiv und landete in Lhasa am Hof des jungen Dalai Lama. Sein Buch »Sieben Jahre in Tibet« und der gleichnamige Film mit Brad Pitt wurden ein Welterfolg.

Sieben Jahre dauert die Tour in den Norden des Görtschitztals nicht, dafür führt sie für 48 Stunden in die Kärntner Variante von Tibet – über den Weg des Dialogs zum Lingkorpfad. Start ist vor dem JUFA Hotel in Knappenberg bei den Säulen der Toleranz. In Richtung Süd-Osten geht's auf den Himmelssteig und hinunter über 354 Stufen, die in den steilen Hang gebaut wurden. Die Treppe führt durch die Barbarasiedlung, eine Knappenhaussiedlung aus der Zwischenkriegszeit. Unten angekommen, wandert man links in den Wald, in einer Kurve um den Berghang und zur einzigen Zinngießerei Kärntens. Ab hier folgt man einer Schotterstraße talabwärts, über Wiesen und wildromantische Waldpassagen. Im Spätsommer begleitet von wilden Himbeeren und Eierschwammerl.

Unterwegs stößt man immer wieder auf Schautafeln, die auf ähnliche Gepflogenheiten von Österreich und Tibet hinweisen, und auf Schilder mit spirituellen Zitaten vom Dalai Lama, von Mutter Teresa oder von Gandhi.

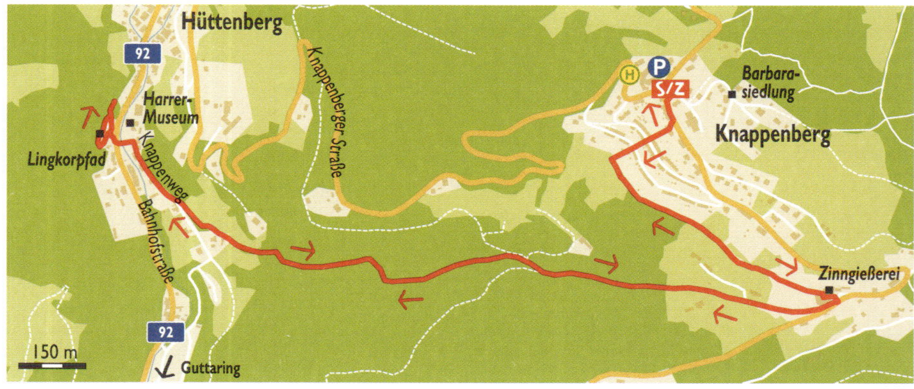

Insgesamt 449 Stufen führen über die Stiegenanlage des Lingkorpfades.

Die sollen daran erinnern, langsam zu gehen und den Weg des Dialogs meditativ zu genießen. Je weiter man nach unten wandert, desto mehr lichtet sich der Wald – und plötzlich öffnet sich der Blick auf Hüttenberg und auf Treppen, die sich in einer steilen Felswand nach oben winden.

Der Lingkorpfad ist der einzige tibetische Pilgerpfad außerhalb des Himalaya-Gebietes und wurde vom Dalai Lama höchstpersönlich eingeweiht. Am Fuß des Felsens steht ein goldgedeckter Stupa (ein buddhistisches Kultgebäude), an der Felswand prangen farbprächtige Darstellungen tibetischer Gottheiten und überall wehen bunte Gebetsfahnen. Man fühlt sich in eine andere Welt versetzt, wenn man Stufe um Stufe erklimmt, vorbei an Bildern, Torbögen, Statuen und Symbolen, und so in den tibetischen Buddhismus eintaucht. Insgesamt 449 Stufen sind auf der Stiegenanlage zu absolvieren. Wer will, besucht nach der Kletterpartie das gegenüberliegende Harrer-Museum, wo man viel über den Menschen Heinrich Harrer und seine Reisen lernt. Auf dem Heimweg wartet dann noch eine spirituelle Erfahrung für den Magen: In Guttaring gibt's in der Norischen Nudlwerkstatt (www.nudl.at) die besten Kärntner Nudln zum Mitnehmen!

FAZIT: HIMALAYA-FEELING MITTEN IN KÄRNTEN – EINZIGARTIG UND ERLEUCHTEND GLEICHERMAßEN!

Hin & weg: Über die Klagenfurter Straße (B83) Richtung St. Veit bis zur Abfahrt Kappel/Krappfeld und über Guttaring hinauf nach Knappenberg. Mit dem Zug nach Treibach-Althofen Bahnhof und weiter mit dem Bus 5394 nach Knappenberg.

Beste Zeit: Im Spätsommer.

Dauer & Strecke: 2 Tage; für die 2,7 km auf dem Weg des Dialogs sollte man in einem meditativen Tempo 1,5 Std. einplanen; der Lingkorpfad mit 449 Stufen benötigt ca. 30 Min. Retour geht's entweder auf demselben Weg oder mit dem Bus 5394, der Hüttenberg und Knappenberg 3x am Tag miteinander verbindet.

Ausrüstung: Zeit, Ruhe und die Lust, sein inneres Ommm zu finden.

Wenn es Nacht wird: Das JUFA Hotel Knappenberg (www.jufahotels.com/hotel/knappenberg) liegt direkt neben dem Tibetzentrum und sorgt für einen entspannten Miniurlaub – dank zweistöckigem Wellnessbereich und dem spirituellen Sonnengrußraum mit großartigem Blick in die Landschaft.

SCHWERELOS DURCH DIE NACHT

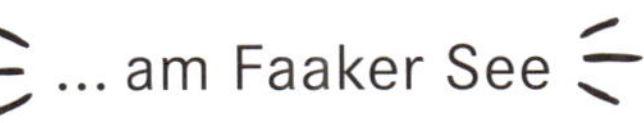

An einem See übernachten gehört in Kärnten zum Urlaubsalltag. Über einem See zwischen Bäumen schweben und schlummern klappt allerdings nur am Faaker See. Eine Übernachtung im Baumzelt hebt Camping hier im wahrsten Sinne des Wortes aufs nächste Niveau.

#Camping #Badesee #Seewanderung #WeekendFun

Wenn der Sommer sich langsam verabschiedet, zieht jeden Morgen ein weißer Dunst wie Watte über die Wasseroberfläche und kündigt den nahenden Herbst an. Kurz vor dem Sonnenaufgang ist es frisch am Faaker See, das Wasser ist jedoch warm und ermöglicht den Sprung ins kühle Nass direkt nach dem Aufwachen. Von dort aus ist das 360-Grad-Panorama umwerfend: die mystisch anmutende Faaker-See-Insel vor der Nase und die Spiegelung des mächtigen Mittagskogels im türkisfarbenen Wasser.

Um den Faaker See mit all seinen Facetten zu verstehen, lohnt es sich, nach dem Frühstück den See zu erwandern. Zwei neue Slow Trails umrunden den halben See und ermöglichen spannende Ein- und Ausblicke. Startpunkt ist in Drobbolach. Von hier führt ein Slow Trail vorbei am Strandbad, hinauf in den Wald und über dem See bis zur Halbinsel. Das letzte

Zwei Slow Trails am Faakersee überraschen Wanderer mit großen Ausblicken und kleinen Buchten.

Teilstück verläuft auf einem schmalen, verwurzelten Pfad und mündet an einem kleinen Picknickplatz, wo man auch wild baden kann.

Der zweite Slow Trail führt von der Halbinsel bis Faak am See. Wer will, hängt die Wanderung direkt an oder hebt sie für den nächsten Tag auf. Die Route wechselt zwischen Ufer- und Waldwegen, führt vorbei am Dorfteich (prima Badestopp für Kinder!) und endet in Faak am See. Wer an einem Donnerstag unterwegs ist, sollte den Faaker Bauernmarkt besuchen, wo sich gerne Einheimische treffen und die besten Kärntner Schmankerln verkauft werden.

Geht die Sonne über dem Faaker See unter, schlägt man im wahrsten Sinne des Wortes sein Zelt auf. An der ruhigeren Ostseite finden Camper eine Besonderheit: einen Campingplatz, der mehr Wald als Platz ist. Wer hier eincheckt, findet Stellplätze mitten in einem grünen Urwald – und die einzigen Baumzelte Kärntens. Ursprünglich entwickelt, um Zelten dort zu ermöglichen, wo der Untergrund ungeeignet ist, bietet eine Übernachtung in einem Baumzelt schwebendes Schlummern zwischen Bäumen. Bei Camping Anderwald gibt es mehrere Baumzelte, die nur wenige Meter vom Seeufer gespannt sind.

Die Idee ist einfach, das Erlebnis groß: Ein Baumzelt besteht aus einem robusten Gewebe mit angenähtem Mosquitonetz und wird zwischen drei Bäumen gespannt. Alustangen halten das Zeltdach auf Abstand und schaffen einen regengeschützten Innenraum. Die Campinggelegenheiten hängen auf maximal 1,20 Meter Höhe, sodass man mithilfe eines Hockers easy hineinklettern kann. Dann liegt man wie in einem Wasserbett und hat eine ergonomische Schlafposition. Eine Art Anti-Roll-Matte sorgt dafür, dass man nicht durch das Zelt kullert und herrlich schlummert – bis der See erwacht und man das Schauspiel der Nebelschwaden über dem See bewundert. Logenplatz!

FAZIT: MAGISCHE AUSZEIT AM SEE, BEI DER MAN SPRICHWÖRTLICH ÜBER DEM WASSER SCHWEBT.

Hin & weg: Über die Südautobahn (A2) und die Karawankenautobahn (A11) bis zur Ausfahrt St. Niklas an der Drau, weiter über die Seeblickstraße (B84) nach Faak am See und zu Camping Anderwald. Mit dem Zug bis Föderlach Bahnhof und weiter mit dem Bus 5194 bis zur Haltestelle Faak am See/Gruber.

Beste Zeit: Frühling–Herbst; am schönsten und ruhigsten ist es von Mitte August bis Anfang September.

Dauer & Strecke: 2 Tage; Slow Trails am See: Variante Drobbolach – Halbinsel 4 km, 1 Std., Variante Halbinsel – Faak am See 2,7 km, 0,75 Std.

Ausrüstung: Schlafsack, Badesachen, evtl. Taschenlampe, im Herbst ein warmer Pyjama.

Wenn es Nacht wird: Die Baumzelte von Camping Anderwald (www.campinganderwald.at/de/baumzelt) sind nur 5 m vom Wasser entfernt zwischen Bäumen montiert und erlauben ein magisches Erwachen mit dem See. In der Vor- und Nachsaison ist die Übernachtung am günstigsten.

DIE NATUR RUFT

... in Himmelberg

#49

Auf du und du mit Stall und Kuh: In Himmelberg schlummert man in einem »Stallet« und begegnet Tieren und Natur aus einer neuen Perspektive. Umgeben von Wald und Wasser, führt die Reise zu kleinen Wundern und der erfrischendsten Quelle Mittelkärntens.

#Perspektivenwechsel #tierischgut #naturnah #Nachhaltigkeit

Das Stallet ist ein Chalet, das über einem Stall errichtet wurde.

Was war zuerst da: »Muh« oder »Kikeriki«? Geht über Himmelberg in Kärnten die Sonne auf, sind die Tiere zuerst wach. Über die taunasse Wiese wackeln Enten und Hühner, auf der Weide grasen Kühe und es duftet nach frischem Heu, altem Holz und würzigem Stalldung.

Das Naturgut Lassen thront auf einem Berg, mit Weitblick von Feldkirchen bis nach Klagenfurt. Unweit vom Haupthaus, wo Stall und Heuschober stehen, verbirgt sich das neue »Stallet«. Die Wortschöpfung aus Stall und Chalet entstand aus der Idee heraus, traditionelle Gebäude zu revitalisieren. In denen man Stall-Feeling erlebt, ohne auf Komfort verzichten zu müssen. Gearbeitet wurde mit Altholz und regionaltypischen Bauformen. Türen und Schränke entstanden aus dem Holz des

Rund um Himmelberg erstrecken sich Wiesen, Weiden, Wälder und Wanderwege.

Stalles, vieles wurde upgecyclet. Günter und Heike Zeilinger wollen ihren Gästen einen Perspektivenwechsel ermöglichen. So wurde eine Ecke mit Couch und Holz wie ein Schwalbennest gestaltet, inspiriert von echten Schwalbennestern, die in Ställen zu finden sind. Der Gedanke ist es, sich Dinge von der Natur und den Tieren abzuschauen. Deshalb geht's für Kinder drei Mal in der Woche mit Betreuung in den Wald: zum Staudamm bauen, Pilze und Beeren sammeln und Lernen über die Natur. Der Perspektivenwechsel-Pfad lädt ein, in Flora und Fauna einzutauchen, und führt durch die umliegende Landschaft mit Wäldern, Teichen und Wiesen.

Am Fuße des Berges liegen mit den Tiebelquellen die erfrischenden Quellen Mittelkärntens: Aus 60 bis 100 Quellen sprudeln pro Sekunde ca. 660 Liter an die Oberfläche. Die

Hin & weg: Über die Kärntner Straße (B83) und die Turracher Straße (B95) nach Feldkirchen, weiter bis Himmelberg und nach 5 km links abbiegen zum Naturgut Lassen. Mit dem Zug bis Feldkirchen und weiter mit dem Taxi; alternativ Transfer vom Naturgut Lassen.

Beste Zeit: Ganzjährig.

Dauer & Strecke: 2 Tage; Wanderung Tiebelquellen 10 km, 300 hm, ca. 3 Std.

Ausrüstung: Lust auf einen Perspektivenwechsel, Buch, Badesachen, Sportschuhe.

Wenn es Nacht wird: Das Stallet auf dem Naturgut Lassen (www.natur-gut-lassen.at) ist neu und in Kärnten einzigartig, daher sollte man rechtzeitig buchen (ab zwei Übernachtungen).

Auf dem Naturgut Lassen gibt es viele Ruheplätze – egal ob im Baumhaus oder am Naturteich.

Quellen werden vom Grundwasserstrom des oberen Gurktales gespeist. Früher trieb die Tiebel mit ihrer Kraft mehr als 100 Mühlen, Schmieden und Fabriken an. Der Wanderweg hierher (ausgeschildert als Wanderweg Nr. 1) startet beim Gemeindeamt Himmelberg, kann aber auch vom Naturgut begangen werden. Dazu folgt man einfach der Straße bergab.

Wer lieber in Himmelberg startet, wandert vom Gemeindeamt in nordwestlicher Richtung entlang dem Tiebelbach bis Oberboden und folgt dem Verlauf der Turracher Straße bis Tieben und zu den Quellen. Je näher man kommt, umso lauter kündigt sich das Wasser an: Es gluckst, plätschert, rauscht und sprudelt. Das Wasser, das hier fließt, ist von höchster Qualität und versorgt die Bewohner entlang der Tiebel bis nach Feldkirchen. Unter Baumkronen geht man über Waldwege und Rundholzstege und staunt nicht nur über das Wasser, sondern auch über eine Venezianer Säge und die Mehlteurer Flodermühle.

Zurück im Stallet ändert sich wieder die Perspektive, wenn die Sonne über dem Tal versinkt. Nur die Geräusche bleiben gleich. »Muh« oder »Kikeriki« ertönt hier auch abends. Vor dem Schlafengehen fehlt nur ein Schluck Leitungswasser – direkt aus der Tiebel.

FAZIT: TOLLE LANDSCHAFT, PRALLE NATUR, HERZLICHER FAMILIENBETRIEB – MEHR GEHT NICHT!

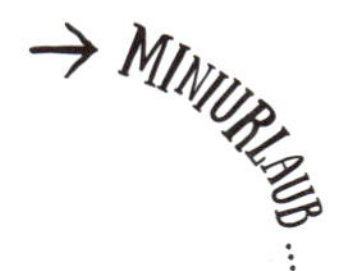

HERBST-ERWACHEN

… im mittleren Mölltal

Wanderreiten und wildbaden, am Hof helfen und Brot backen: Ende des Sommers ist auf der Alpensüdseite die perfekte Zeit für einen Hüttenurlaub – zwischen Wiesen, Wäldern und den wuchtigen Dreitausendern der Hohen Tauern.

#Almdorf #Auszeit #UrlaubamBauernhof #Tiere

Gäste auf dem Moserhof werden mit Hofprodukten verwöhnt: Speck, Schinken, Eier, Käse, Fleisch, Obst und Gemüse werden selbst hergestellt.

Der Weg windet sich parallel zur Möll, die lautstark in Richtung Großglockner fließt. Rechts und links urige Holzhäuschen, in der Mitte eine Kapelle, drumherum Gras und Blumentröge. Es ist still, nur dann und wann ist das Wiehern eines Pferdes und das Meckern einer Ziege zu hören. Fast könnte man meinen, man wäre durch die Zeit gepurzelt. Doch was wie ein historisches Almdorf wirkt, ist ein Chaletdorf unweit von Obervellach. Nur wo Chalet draufsteht, ist nicht immer Luxus drin. Statt Klischees werden auf dem Landgut Moserhof

---

Hin & weg: Über die Tauernautobahn (A10) zur Autobahnausfahrt Spittal/Millstätter See, weiter in Richtung Lendorf Lienz, auf der B100 bis Möllbrücke, auf der B106 Richtung Mallnitz/Großglockner bis zum Moserhof. Mit dem Zug bis zum Bahnhof Mallnitz/Obervellach, weiter mit dem Bahnhofshuttle (www.bahnhofshuttle.at) oder dem lokalen Taxi Angermann.

Beste Zeit: Im Spätsommer.

Dauer & Strecke: 2 Tage; Wanderreiten ca. 1,5 Std.; auch Reitunterricht möglich; Wanderung z. B. zum Abendessen zur Launsberghütte (www.launsberghuette.at), von Obervellach ca. 1 Std., 250 hm.

Ausrüstung: Badesachen, Wanderschuhe, ein gutes Buch, ev. Reitausrüstung.

Wenn es Nacht wird: Urlaub im Chalet und direkt am Bauernhof gibt's im Chaletdorf Landgut Moserhof (www.landgut-moserhof.at) in Almhütten, Chalets und Appartements. Am günstigsten wird's in der Vor- und Nachsaison in einem Zirbenappartement. Um den Kreislauf auf dem Hof komplett mitzuerleben, rät Familie Hartweger zu 1 Woche Aufenthalt.

Eine Übernachtung im historischen Almdorf fühlt sich an wie eine Zeitreise.

nämlich glückliche Gäste bedient. Schickimicki gibt's nicht, dafür einen Urlaub auf dem Bauernhof mit Mitmach-Garantie. Denn der Hof und die Tiere stehen im Mittelpunkt des Landguts. So gibt's das Beste aus beiden Welten: Sterne-Komfort und Bauernhof-Flair.

Bauer Heinz ist vermeintlich der erste, der morgens auf dem Moserhof seine Runde dreht. Einzig die Tiere sind vor ihm wach: rund 40 Pferde in den Ställen, dazu Ziegen, Schafe, Hunde, Katzen und alle im Kleintierzoo. Wer will, packt mit an. Stall ausmisten, Tiere füttern, Kräuter pflücken, Traktor fahren. Später geht's dann rauf aufs Pferd zum Wanderreiten. Der Herbst ist die schönste Zeit dafür, wenn die Tage nicht mehr so heiß, die Touristen weg und die Berge der Hohen Tauern in ein magisches Licht gehüllt sind.

Hoch zu Pferd geht es durch die beeindruckende Landschaft des Nationalparks Hohe Tauern - durch verwunschene Wälder, entlang der Möll und Anhöhen hinauf. Insgesamt gibt es ein 200 Kilometer großes Reitwegenetz im Mölltal. Der Moserhof bietet unterschiedliche Ausritte für jedes Fitness- und Reitniveau an.

Das Besondere des Betriebs von Gerhild und Heinz Hartweger liegt im Detail. Ursprünglich versorgte der Moserhof die Herrschaft der nahegelegenen Burg Falkenstein samt umliegender Bevölkerung mit Nahrungsmitteln. Heute beruht das Konzept auf einer Kreislaufwirtschaft, sowohl in der Natur, als auch beim Gast. Ein eigener Forst liefert kontinuierlich nachwachsendes Holz; alle Möbel werden daraus gefertigt. Was übrig bleibt, wird zum Heizen oder als Einstreu für die Pferde genutzt. Der achtsame und nachhaltige Umgang mit der Natur soll an die Gäste vermittelt werden.

Wer auf dem Moserhof eincheckt, wird Teil dieses Kreislaufs: Jede Woche gibt's unterschiedliche Veranstaltungen, von Tierfütterungen bis zum Brotbacken. Zu viel soll es nicht sein, damit jeder genug Auszeit und Abstand hat. Deshalb wird statt Halbpension nur an drei Abenden ein Abendessen angeboten. An den anderen bekommt man Restauranttipps, um Lokale in der Region zu unterstützen, ein Fondue- oder Raclette-Set oder Produkte vom Hof: Fleisch, Milch, Käse, Speck, Schinken, Eier, Obst, Gemüse und Kräuter. Auch das ist Kreislaufwirtschaft.

FAZIT: HÜTTENURLAUB MIT DEM GEWISSEN TWIST IN EINER UNFASSBAR SCHÖNEN KULISSE. MITMACH-GARANTIE INKLUSIVE!

IM POMPEJI DER ALPEN

... auf dem Magdalensberg

Einst galt ein Troadkasten als das »Schatzkästlein« eines Bauernhofes. In den Getreidespeichern wurden Lebensmittel und Saatgut aufbewahrt. Auf dem Magdalensberg übernachtet man in einem restaurierten Troadkasten und taucht ein in die Geschichte einer der größten Ausgrabungsstätten des Ostalpenraumes.

#aussichtsreich #außergewöhnlich #abenteuerlich

Auf dem Magdalensberg kann man in einem Troadkasten, einem ehemaligen Getreidespeicher, übernachten.

Ausgrabungsstätte, Aussichtspunkt und unerklärlicher Anziehungspunkt: Der Magdalensberg in Mittelkärnten verströmt ein ganz besonderes Flair. Er ist Kraftort und Kulturerbe-Berg gleichermaßen. Von seinem Gipfel überblickt man weite Teile des Landes. Ganz Kärnten scheint einem zu Füßen zu liegen. Wenn im Herbst Nebel über den Tälern aufzieht, befindet man sich auf dem Magdalensberg über der Nebelgrenze. Dann ist die Welt unter einem von wattigen Schwaden bedeckt, doch am Gipfel scheint die Herbstsonne.

Hoch oben, wo die berühmte Wallfahrtskirche thront, ist das Gipfelhaus auf 1059 Meter Höhe seit Jahrzehnten eine der beliebtesten Einkehrmöglichkeiten der Kärntner. Im Jahr 2020 wurde umgebaut: Der Altbau blieb fast

Tierisch wild: Ein großes Wildtiergehege lockt große und kleine Besucher an.

zur Gänze bestehen, er wurde nur adaptiert und in ein 4-Sterne-Hotel mit 30 Zimmern und Wellnessbereich verwandelt. Was im ersten Moment seltsam anmutet, passt gut, denn schon die Römer betrieben auf dem Magdalensberg ein Badehaus. Heute ist die römische »Stadt auf dem Magdalensberg« eine der größten Ausgrabungsstätten des Ostalpenraums und wird seit 1948 archäologisch erforscht. Im Archäologischen Park Magdalensberg wandert man auf rund vier Hektar durch das »Pompeji der Alpen«.

Überhaupt sind die Wanderwege rund um den Magdalensberg weit über die Grenzen Kärntens bekannt. Die Wallfahrtskirche, die 1263 erstmals erwähnt wurde, ist nicht nur der Ausgangspunkt für den berühmten Vierbergelauf und Ziel des Hemma-Pilgerweges, es führen auch viele Wander- und Wallfahrtswege hier vorbei. Einen guten Überblick gibt der Rundwanderweg Magdalensberg, der auf knapp 12 Kilometern um den Magdalensberg führt. Die Tour ist mittelschwer und startet in St. Sebastian. Die Strecke bis zum Magalensberg führt nur bergauf und absolviert fast alle Höhenmeter. Der weitere Routenverlauf ist einfacher zu gehen und zieht in einem großen Bogen rund um den Kulturerbe-Berg.

Wer auf dem Gipfel Quartier bezieht, erspart sich die Höhenmeter und erlebt gleichzeitig eine ganz besondere Auszeit. Das Herzstück des Gipfelhauses ist der Troadkasten, der liebevoll umgebaut wurde. In früheren Jahrhunderten wurden jene Getreidekasten oder Getreidespeicher errichtet, um Lebensmittelvorräte und Saatgut aufzubewahren. Die kleinen, aus Holz oder Stein erbauten Häuser standen zum Schutz vor Feuer abseits des Bauernhofes. So auch auf dem Magdalensberg: Der Troadkasten liegt abseits des Trubels – in völliger Ruhe und hautnah am »Pompeji der Alpen«.

FAZIT: MAGISCHER MINI-URLAUB ÜBER MITTELKÄRNTEN MIT WEITBLICKEN, WANDERUNGEN UND EINER WUNDERBAR ÜBERRASCHENDEN NACHT IM TROADKASTEN.

Die römische Stadt auf dem Magdalensberg ist eine der größten Ausgrabungsstätten im Ostalpenraum.

Hin & weg: Über die Klagenfurter Schnellstraße (S37) bis zur Ausfahrt Maria Saal, weiter auf der Zollfeld Straße bis St. Michael am Zollfeld, rechts abbiegen auf die Magdalensberg Landesstraße und hinauf auf den Magdalensberg. Mit dem Bus 5369 von Klagenfurt bis zur Haltestelle Magdalensberg Tempelplatz. Zum Troadkasten sind es zu Fuß 1 km.

Beste Zeit: Ganzjährig, besonderes Flair erlebt man im Herbst, wenn man über der Nebelgrenze wandert.

Dauer & Strecke: 2 Tage; Rundwanderung Magdalensberg ca. 12 km, 550 hm, ca. 4 Std.; für den Archäologischen Park (www.landesmuseum.ktn.gv.at/standorte/magdalensberg) sollte man 1,5 Std. einplanen, der Eintritt ist für Inhaber der Kärnten Card kostenlos.

Ausrüstung: Feste Schuhe, Regenschutz, Kamera.

Wenn es Nacht wird: Die außergewöhnliche Übernachtung im Troadkasten erlebt man im Gipfelhaus Magdalensberg (www.hotel-magdalensberg.at/wohnen-angebote/troadkasten), in der Nebensaison ist es am günstigsten.

EISZEIT

... am Weißensee

Schon James Bond sauste einst in »Ein Hauch des Todes« über Schnee und Eis am Weißensee. Wer einen Winter-Kurzurlaub am Weißensee macht, erlebt mindestens genau so viel Action: Auf dem Fatbike geht's rasant durch eine einzigartige Winterlandschaft – über Trails, Steilstücke und Downhillpassagen.

#Winterwunderland #Adrenalin #FahrradfahrenimSchnee #fastwieJamesBond

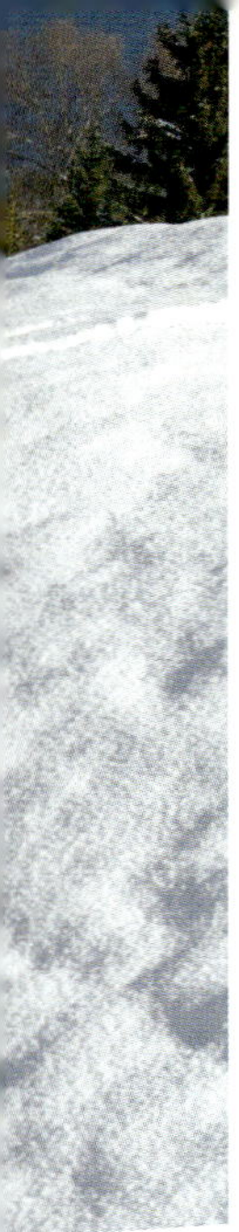

Besonders breite Reifen machen es möglich, auf Schnee und Eis zu fahren.

Der Weißensee ist berühmt für seine Eislaufgeschichte, immerhin findet sich hier die größte beständig zufrierende und präparierte Natureisfläche Europas. Von Dezember bis März ist auf der bis zu 40 cm dicken Eisdecke Saison für Eisläufer, Marathoneisschnellläufer, Pferdeschlitten und Winterwanderer. Seit ein paar Jahren gibt's eine Neuheit auf der spiegelglatten Eisfläche: Nun sausen auch Fatbikes durch Eis und Schnee.

Fatbikes haben besonders breite Reifen. Diese machen es möglich, auch unter Winterbedingungen zu fahren. Vorkenntnisse braucht man dafür wenig, allerdings ist es ideal, wenn man schon mal Mountainbike gefahren ist. Es gibt unterschiedliche Routen mit verschiedenen Schwierigkeitsgraden, die wie beim Skifahren nach Farben markiert sind – von blau über rot bis hin zu schwarz. Manche beinhalten Steilstücke, Trail- und Downhillpassagen. Wer unsicher ist, bucht eine geführte Route in Begleitung eines Guides.

Welche Strecke man angeht, sollte man vor Ort je nach Wetter-, Schnee- und Eislage ent-

Winterwunderland am Weißensee: erst auf dem Fatbike, dann in den Erdhäusern.

scheiden. Stimmen die Vorzeichen, ist die Weißensee Bergbahn ein guter Startpunkt. Die Route dort führt nach Westen, erst auf dem See und dann hinauf auf den Tschabitscher – mit großartigem Weitblick über den See. Danach saust man den Berg hinunter und kommt über den Promenadenweg erneut aufs Eis. Man fährt vorbei an Techendorf, passiert die Brücke und ist nun auf der Nordseite des Sees. Von hier geht die Tour geradeaus entlang des Seeufers bis zum Ronacherfelsen. Zurück gelangt man auf derselben Strecke bis zur Brücke in Techendorf und dann zum Ausgangspunkt bei der Weißensee Bergbahn.

Timothy Dalton alias James Bond konnte sich 1987 in »Ein Hauch des Todes« retten, während seine Verfolger in einem Wasserloch im Eis versanken. In ein Wasserloch geht's zum Abschluss nicht, dafür aber in eines der Erdhäuser am Weißensee; kleine Häuschen mit Hobbit-Charme, die so in einen Hang gebaut wurden, dass sie nur von Süden aus sichtbar sind. Die restlichen Teile wurden mit Erde ummantelt und wieder zugeschüttet. Das hat den Effekt, dass es das ganze Jahr über ein ausgeglichenes und angenehmes Raumklima gibt, mit Wänden, die im Sommer kühlen und im Winter wärmen, obwohl man umgeben von Schnee und Eis schlummert.

FAZIT: EIN MINI-URLAUB WIE IM FILM – ERST ACTION MIT JAMES BOND, DANACH ROMANTIK MIT HOBBIT-FLAIR!

Hin & weg: Über die Drautalstraße (B100/E66) bis Greifenburg-Weißensee und weiter nach Techendorf zum Parkplatz am Weißensee und der Weißensee Bergbahn. Mit dem Zug bis zum Bahnhof Greifenburg-Weißensee und weiter mit dem Bahnhofsshuttle.

Beste Zeit: Dezember, Januar.

Dauer & Strecke: 2 Tage; für die Beispieltour auf dem Fatbike sollte man 3 Std. einplanen (22 km und 280 hm). Am zweiten Tag unbedingt Eislaufen gehen auf dem Weißensee!

Ausrüstung: Wärmende Winterkleidung und Schlittschuhe. Fatbikes zum Ausleihen gibt's in der Ski-Mountainbikeschule Schwarzenbacher bei der Winterbikestation beim Seewiesenlift. Wer will, bucht die geführte »Snow-Icetour« (www.weissensee.com > Winter World > Outdoor & Relax World > Fatbiken).

Wenn es Nacht wird: Eine einzigartige Übernachtung erlebt man in den Erdhäusern am Weißensee (www.seensucht.eu). Es gibt zwei Erdhäuser zu mieten, vier weitere befinden sich im Bau.

SONST NOCH WICHTIG

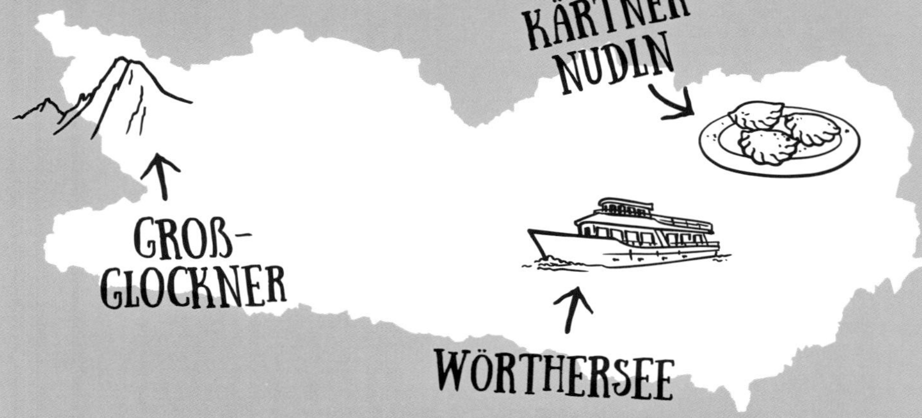

Ein- und Überblick

Karten für den schnellen Überblick, praktische Tipps, mehr über die Autorin sowie ein Ortsregister zum schnellen Nachschlagen gibt es auf den folgenden Seiten.

GPX-Download aufs Smartphone – so geht's

Voraussetzung:
Eine Outdoor-App muss installiert sein, z. B. KOMPASS, Outdooractive oder Komoot. Zum Einlesen des QR-Codes benötigen ältere Android-Geräte eine QR-Code-App. Bei neueren Android- und IOS-Geräten ist diese Funktion in der Kamera integriert.

Daten downloaden:

1. Den QR-Code einlesen oder die Webadresse im Browser eingeben, um auf die Eskapaden-Website zu gelangen.
2. Die gewünschte Tour zum Download anklicken.
3. Bei IOS-Geräten werden die GPX-Daten direkt mit der vorab installierten App verknüpft. Bei Android-Geräten muss ggf. noch ein Weiterleiten-Button geklickt werden (z. B. oben rechts im Display). Manche Apps zeigen den Tourverlauf starr an, andere haben eine Navigationsfunktion dabei.

Tourenverlauf

GPX-Daten zum kostenlosen Download
www.dumontreise.de/eskapaden/kaernten

short.travel/9u5cl

uf den folgenden Seiten: Die Eskapaden quer
urch Kärnten in drei Übersichtskarten. Die Ziffern
tehen für die Eskapaden-Nummern.

GURKTALER-ALPEN
Österreich
SAUALPE
KARAWANKEN
NÄCHSTE SEITE
Bad Sankt Leonhard im Lavanttal
Friesach
Knappenberg
Gurk
Althofen
Weitensfeld im Gurktal
Wolfsberg
Bad Kleinkirchheim
Sankt Andrä
Sankt Veit an der Glan
Feldkirchen in Kärnten
Griffen
Völkermarkt
Pörtschach am Wörthersee
Wörthersee
Ossiacher See
Klagenfurt a.W.
Villach
Klopein
Bleiburg Pliberk
Finkenstein
Drau
Wildenstein
Feistritzer Stausee
Ferlach
Mežica
Slowenien
10 km

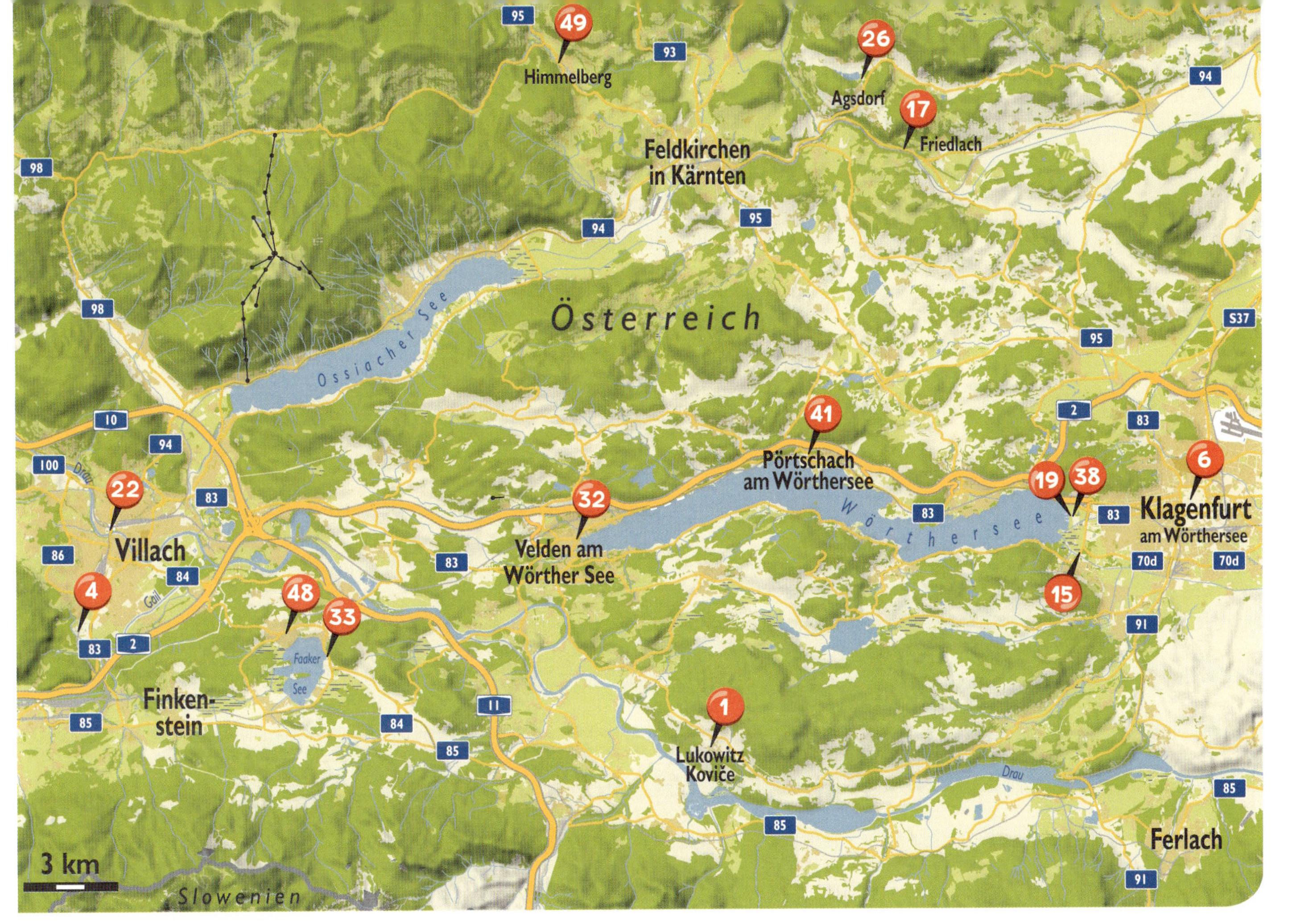
Himmelberg
Agsdorf
Friedlach
Feldkirchen in Kärnten
Österreich
Ossiacher See
Pörtschach am Wörthersee
Wörthersee
Klagenfurt am Wörthersee
Villach
Velden am Wörther See
Faaker See
Finkenstein
Lukowitz Kovice
Drau
Gail
Ferlach
Slowenien
3 km

NOCH MEHR ESKAPADEN …

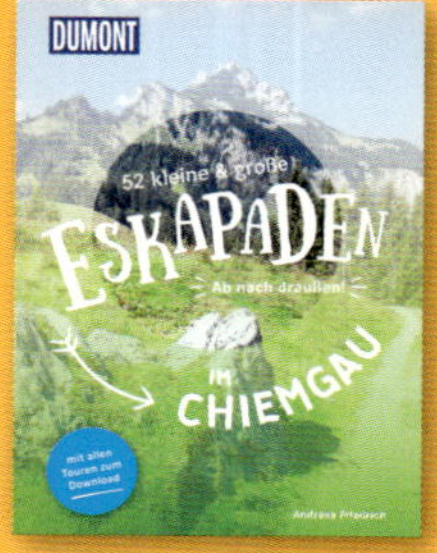

ISBN 978-3-7701-8095-0

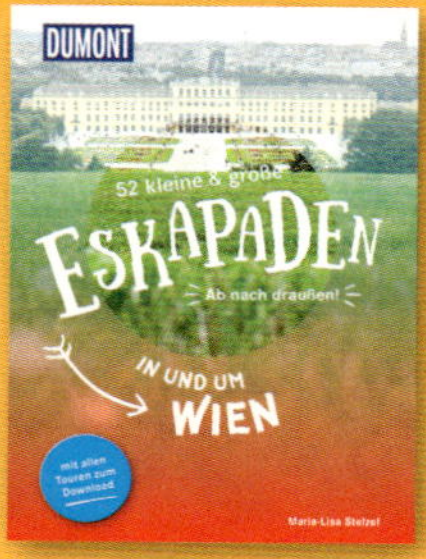

ISBN 978-3-616-11008-0

ISBN 978-3-616-11005-9

… erhalten Sie im gut sortierten Buchhandel und unter www.dumontreise.de

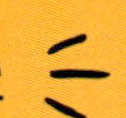

IMPRESSUM

Reihenkonzept Monique Sorban

Projektmanagement Susanne Heimburger, Svenja Heinle & Tamara Siedler

Cover-/Buchgestaltung & Illustrationen Carolin Weidemann, Köln, www.weidemann-design.com

Lektorat & Produktion Verlagsbüro Wais & Partner (Beate König, Julia Rietsch, Kai Wieland), Stuttgart, www.wais-und-partner.de

Text & Fotos Jasmin Kreulitsch, Klagenfurt, www.kosmopoetin.com; mit folgenden Ausnahmen: Tourismusbüro Spittal/Auer (S. 17), Hannes Wallner (S. 86, 87, 88 l., 168–171), Christian Riedel (S. 136 l., 139), Helmuth Weichselbraun (S. 136 r., 138 r., l. u.), Chris Perkles (S. 138 l. o.), Kärnten Werbung/Michael Stabentheiner (S. 182), Österreich Werbung/Nina Baumgartner (S. 186), Kärnten Werbung/Franz Gerdl (S. 187), Daniel Nutz (S. 190–193), Weissenseeinformation (S. 218, 219, 221), Seensucht.eu/Morgenfurt (S. 220)

Kartografie © KOMPASS, Innsbruck, unter Verwendung von Kartendaten von © OpenStreetMap-Mitwirkende, Lizenz CC-BY-SA 2.0

Hinweis Alle Informationen wurden mit größtmöglicher Sorgfalt geprüft. Infolge der Corona-Pandemie kann es allerdings zu kurzfristigen Geschäftsschließungen und anderen Änderungen vor Ort gekommen sein.

Printed in Poland

1. Auflage 2022

ISBN 978-3-616-11025-7

www.dumontreise.de

Schlau unterwegs

Ein gut gepackter Tagesrucksack und eine vernünftige Ausrüstung sollten jede Eskapade begleiten. Wichtig sind feste Wanderschuhe, wetterfeste Kleidung, Trinkflasche, Erste-Hilfe-Set und Sonnenschutz. Unbedingt an ein aufgeladenes Handy denken.

Geschmackssachen

Kulinarik spielt im Süden Österreichs eine große Rolle. Ob Kärntner Kasnudeln, Reindling, Kirchtagssuppe oder eine zünftige Brettljause: Es schmeckt garantiert! Tipp: Bei Slow Food Kärnten (www.slowfood-kaernten.at) dreht sich alles um faire und regionale Lebensmittel.

Ohne Auto

Die App der ÖBB (www.oebb.at) zeigt neben den Zug- auch alle S-Bahn- und Busverbindungen in Kärnten an. Praktisch ist das Mobilitätskonzept im ländlichen Raum in Form von Sammeltaxis, z. B. das Nockmobil (www.nockmobil.at) in der Region um Bad Kleinkirchheim und Millstätter See, GoMobil (www.gomobil.at) in Südkärnten oder das LAVanttal ISTmobil (www.istmobil.at/istmobil-regionen/lavanttal-istmobil) im Lavanttal.

Sicherheit & Notfälle

Zwischen Bergen und Seen warten in Kärnten große Abenteuer. Falls unterwegs mal etwas passieren sollte, sind zwei Telefonnummern wichtig: die zentrale europäische Notrufnummer 112 und die Bergrettung 140.

Vor Ort im Netz

Auf dem Tourismusportal von Kärnten (www.kaernten.at) gibt es praktische Infos, von Ausflugsideen bis hin zu Öffnungszeiten. Tagesaktuelle Tipps liefert die Kleine Zeitung (www.kleinezeitung.at/kaernten). Inhaber der Kärnten Card haben freien Eintritt zu über 100 Ausflugszielen – inklusive Bergbahnen und Schifffahrt (www.kaerntencard.at).

ESKAPADEN-REGISTER ...

Alle Orte mit Seitenverweisen

JASMIN KREULITSCH

... über die Autorin

Humor ist die beste Basis, um der Welt entgegenzutreten. Deshalb ist Jasmin im wahrsten Sinne des Wortes »reiselustig«. Die Kärntnerin machte in Berlin eine Ausbildung zur Redakteurin und leitete anschließend als Chefredakteurin mehrere Zeitschriften. Nach sieben Jahren kam sie zurück nach Österreich und schrieb als freiberufliche Autorin Drehbücher für eine Seifenoper genauso wie Künstlerbiografien für Plattenfirmen. Seit zehn Jahren gehört ihr Herz dem Reisejournalismus und ihren Geschichten rund um den Globus, die sie für Print- und Online-Medien und auf ihrem Reiseblog www.kosmopoetin.com erzählt. Von ihrer Heimatstadt Klagenfurt startete sie ihre Eskapaden – und verliebte sich dabei ganz neu in Kärnten.

Spaß pur

Eskapade #11: Beim Goldwaschen am Großglockner kommt Western-Feeling auf, wenn sich kleine und große Abenteurer mit Goldwaschpfanne in der Hand und Gummistiefeln an den Füßen auf die Suche nach dem legendären Tauerngold machen.

Glück finden

Eskapade #3: Wo die Kelten im 3. Jahrhundert v. Chr. einwanderten, staunt man auf dem Hemmaberg über Ausgrabungen und die Kärntner Variante des heiligen Wassers von Lourdes. Nur wenige Plätze in Kärnten vereinen so viel Geschichte und Glücksgefühle auf einem Fleck.

5 BESONDERE EMPFEHLUNGEN …

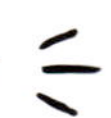

Ungezähmte Natur

Eskapade #13: Zwischen bemoosten Felswänden führt ein steiler und schlüpfriger Weg aus Stufen und Stegen hinauf ins Abenteuer – und hinein in die Raggaschlucht im Mölltal. 200 Höhenmeter überwinden Besucher auf dem magischen Weg durch die enge Klamm!

Zeitreise

Eskapade #34: Wer in Preblau an all den historischen Kurhäusern vorbeiwandert, purzelt durch die Zeit. Wo es heute im Wald still ist, herrschte zur Zeit der Donaumonarchie ein reger Kurbetrieb. Im Jahr 1894 wurden eine Million Flaschen des Lavanttaler Mineralwassers in alle Länder der Habsburger-Monarchie verschickt!

Absolute Stille

Eskapade #33: Paddelschlag folgt auf Paddelschlag, dann gleitet das Kanu in die verschlungenen Kanäle des Schilfmäanders am Faaker See. Bei einer Tour durch die Everglades Kärntens scheint die Zeit stillzustehen und jedes Geräusch zu verstummen.

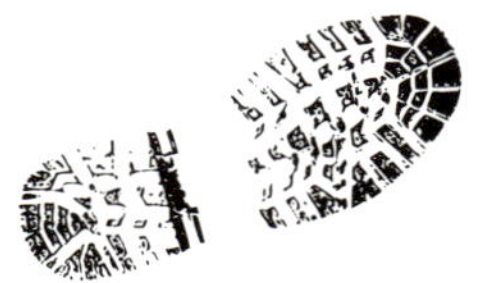